일본어능력시험

N1 N2

핵심공략

오카리나 지음

독해, 청해도 결국은 **문법**과 **어휘력**이다!
고득점을 위한 **언어지식영역**(문자, 어휘, 문법) 집중공략!
출제자가 노리는 급소 완전공략! **총 1020 핵심문제** 수록!

JLPT

J PLUS
Language Publishing Co.

はじめに

　　数多くの日本語能力試験の問題集や参考書の中から、この本を手に取って下さった皆さん、ありがとうございます。

　　この本は、「韓国人のための日本語能力試験対策」であることを意識して制作しました。ご存知の通り、韓国語と日本語は基本的に語順が同じで、漢字の発音も似ているものが多く、また、ことわざや慣用句でもよく似た表現、似たような言い回しがたくさんあります。そのため、他の外国語を母国語とする学習者よりも早く、楽にマスターすることができます。

　　ただ、似ているがゆえに間違え易いところ、苦手な問題というのも確かにあります。また、この本が対象としている日本語能力試験1・2級のレベルになると、単なる「言葉の置き換え」では対応しきれない場面が多くなるのも事実です。この問題集では、思い切って網羅的な出題をやめ、その「韓国人が弱い部分」に重点を置いた構成にしてみました。そのため、多少偏っていると感じられるかもしれません。ただ、著者がずっと韓国人を対象に日本語を教え、現在も韓国人と一緒に仕事をしている中で書き留めてきた、「間違易いパターン」「重要なポイント」といったものを、惜しみなく盛り込んだつもりです。

　　また、出題箇所のみだけでなく、例文自体も、バリエーションを豊富にするよう、心がけました。単に問題を解くだけでなく、誰と誰の会話なのか、どんな状況なのか、考えながら読んでみて下さい。そうすることで語彙が増えます。そんなふうに、会話の教材としても使えるはずです。

　　どうかこの本をフルに活用し、合格を勝ち取って下さい。

　　皆さんのご健闘を祈ります。

岡理奈

수 많은 일본어능력시험 문제집이나 참고서 중에서, 이 책을 선택해 주신 여러분께 감사드립니다.

이 책은 "한국인을 위한 일본어능력시험대책"이라는 것을 의식하면서 만들었습니다. 아시다시피 한국어와 일본어는 기본적으로 어순이 같고, 한자 발음도 비슷한 것이 많을 뿐만 아니라, 속담이나 관용구 등도 거의 같은 뜻의 표현, 비슷한 비유표현이 많이 있습니다. 때문에, 다른 외국어를 모국어로 하는 학습자보다 훨씬 쉽고 빠르게 마스터할 수가 있습니다.

단, 비슷하기 때문에 틀리기 쉬운 부분, 까다로운 문제라는 것도 분명 있습니다.

이 문제집에서는, 전체를 망라하는 출제방식보다는 "한국인이 약한 부분"에 중점을 두어 구성해 보았습니다. 때문에, 다소 치우친 면이 없지 않습니다만, 필자가 줄곧 한국인을 대상으로 일본어를 가르치며, 지금도 한국인과 같이 일을 하고 하면서 적어둔 "틀리기 쉬운 패턴" "중요한 포인트"와 같은 것들은 아낌없이 담으려고 애를 썼습니다.

또한, 예상문제뿐만 아니라 예문자체도 바리에이션을 풍부하게 하려고 주의를 기울였습니다. 단순히 문제를 푸는 것만이 아니라, 누구와의 대화인지, 어떤 상황인지, 생각하면서 읽어보세요. 그렇게 하다보면 어휘가 늡니다. 그런 식으로 회화 교재로도 쓸 수 있을 것입니다.

부디 이 책을 충분히 활용하여 합격을 손에 쥐게 되기를 바랍니다.

여러분의 건투를 빕니다.

오카리나

Contents

일본어능력시험 구성 및 인정기준

급	구성			인정기준
	종류	시간	배점	
N1	언어지식	110분	60점	폭넓은 장면에서 사용되는 일본어를 이해할 수 있는가? **읽기** 폭넓은 화제에 관해 쓰여진 신문의 논설, 평론 등 논리적으로 약간 복잡한 문장이나 추상적인 문장 등을 읽고, 문장의 구성이나 내용을 이해할 수 있다. 다양한 화제에 걸쳐 깊이있는 내용을 읽고, 이야기의 흐름이나 상세한 표현의도를 이해할 수 있다. **듣기** 폭넓은 장면에서 자연스러운 속도로, 내용이 있는 회화나 뉴스, 강의를 듣고, 이야기의 흐름이나 내용, 등장인물의 관계나 내용의 논리구성 등을 상세하게 이해하거나 요지를 파악할 수 있다.
	독해		60점	
	청해	60분	60점	
	계	170분	180점	
N2	언어지식	105분	60점	일상적인 장면에서 사용되는 일본어의 이해와 더불어, 보다 폭넓은 장면에서 사용되는 일본어를 어느정도 이해할 수 있는가? **읽기** 폭넓은 화제에 관하여 쓰여진 신문이나 잡지 기사와 해설, 평이한 이론 등, 논지가 평쾌한 문장을 읽고, 문장의 내용을 이해할 수 있다. **듣기** 일상적인 장면에 덧붙여 폭넓은 장면에서, 자연스러운 회화속도로 내용이 있는 회화나 뉴스를 듣고, 이야기의 흐름이나 내용, 등장인물의 관계를 이해하거나 요지를 파악할 수 있다.
	독해		60점	
	청해	50분	60점	
	계	155분	180점	
N3	언어지식	30분	60점	일상적인 장면에서 사용되는 일본어를 어느 정도 이해하고 있는가? **읽기** 일상적인 화제에 관하여 쓰여진 구체적인 내용을 나타내는 문장을 읽고 이해할 수 있다. 신문의 표제어 등에서 정보의 개요를 잡을 수 있다. 일상적인 장면에서 볼 수 있는 난이도가 약간 높은 문장은, 대체할 수 있는 표현이 주어지면 요지를 이해할 수 있다. **듣기** 일상적인 장면에서 다소 자연스러운 대화에 가까운 속도로 내용이 있는 회화를 듣고, 이야기의 구체적인 내용을 등장인물의 관계 등과 함께 거의 이해할 수 있다.
	독해	70분	60점	
	청해	40분	60점	
	계	140분	180점	
N4	언어지식	30분	60점	구체적인 일본어를 이해할 수 있는가? **읽기** 구체적인 어휘나 한자를 사용하여 쓰여진 일상생활 속에서도 친근한 화제의 문장을 읽고 이해할 수 있다. **듣기** 일상적인 장면에서, 약간 느린 속도로 나누는 대화라면 내용을 거의 이해할 수 있다.
	독해	60분	60점	
	청해	35분	60점	
	계	125분	180점	
N5	언어지식	25분	60점	구체적인 일본어를 어느 정도 이해할 수 있는가? **읽기** 히라가나와 가타카나, 일상생활에서 사용되는 기본적인 한자로 쓰여진 전형적인 어구나 문장을 읽고 이해할 수 있다. **듣기** 교실이나 생활주변, 일상생활 중에서도 가장 많이 접하는 장면에서 천천히 이루어지는 대화라면, 필요한 정보를 알아들을 수 있다.
	독해	50분	60점	
	청해	30분	60점	
	계	105분	180점	

문법부문

2급 문형 핵심 노트 BEST 60

▶대표예문을 통하여 핵심의미를 파악해 봅시다.

1. 〜あげく・〜あげくに　~한 끝에

▶ さんざん遊んだあげく、とうとう破産してしまった。

실컷 논 끝에 결국 파산해버렸다.

※ 화자의 부정적인 감정을 나타내는 경우가 많다. 동사의 **た形**에 접속한다.

---

2. 〜あまり　~하는(한) 나머지

▶ 最近の若者は傷つくことを恐れるあまり、人との付き合いを避ける傾向があるという。

요즘 젊은 사람들은 상처 입는 것을 두려워한 나머지, 타인과의 교제를 피하는 경향이 있다고 한다.

※ 동사 사전형에 접속하는 것에 주의해야 한다.

---

3. 〜以上・〜以上は　~(하는)이상, 이상은

▶ コンテストに出場する以上は上位を狙いたい。

콘테스트에 출전하는 이상은 상위를 겨냥하고 싶다.

※ 동사 사전형에 접속한다. 책임이나 각오를 나타내는 말과 함께 쓸 때가 많다.

---

4. 〜一方・〜一方で　~(하는)한편, 한편으로

▶ 優れた教育者は叱る一方で、ほめることも忘れない。

뛰어난 교육자는 혼을 내는 한편, 칭찬하는 것도 잊지 않는다.

※ 「A国は賛成した。一方B国では〜」 (A국은 찬성했습니다. 한편, B국에서는〜)처럼 독립적으로도 쓴다.

---

5. 〜うちに・〜ないうちに　~동안에, 하지 않는 동안에

▶ 日があるうちに家に帰り着きたい。

해가 있을 때 집에 도착하고 싶다.

※ 직역하면 '〜동안에', '〜하지 않는 동안에'지만, 한국어로는 '〜하기 전에'로 해석하는 것이 더 자연스럽다. 문장을 잘 보고 긍정형이 와야 할지, 부정형이 와야 할지 판단하면 된다. 앞문장을 보고 뒷문장을 만들어보는 연습을 해두면 효과적이다. ·帰り着く 원래 있던 곳으로 돌아오다, 당도하다

---

6. 〜おかげで・〜おかげだ ~덕분에·덕분이다

▶ 君のアドバイスのおかげで良い作品ができた。

너의 충고 덕분에 좋은 작품을 만들 수 있었어.

※ 용언의 사전형과 た形(과거형), 「名詞句＋の」에도 접속한다. 주의할 것은 「おかげさまで助かりました。」처럼 독립적으로 쓸 때는 「さま」가 붙을 수도 있지만, '~의 덕분'이라고 할 때는 「さま」를 붙이지 않는 점이다. （×先生のおかげさまで）

---

7. 〜おそれがある (~할, ~의)우려가 있다

▶ こんなに道が込んでいては、時間に間に合わないおそれがある。

이렇게 길이 막혀서는, 제 시간에 못 갈 우려가 있다.

※ 「おそれ」는 '두려움' '겁' 외에도 '우려'란 뜻으로 자주 쓴다. 문어체 표현. 催し 주최, 개최, 모임

---

8. 〜かぎり・〜かぎりでは/〜ないかぎり ~하는 한/~하지 않는 한

▶ 考え方を改めないかぎり、彼は成長しないだろう。

사고방식을 새롭게 하지 않는 한, 그는 성장하지 않을 것이다.

※ '내가 알기로는'는 「私の知る限り」가 딱 맞는 표현이다.

---

9. 〜かけだ・〜かけの・〜かける ~하는 중이다 · ~하는 중인

▶ やりかけの仕事が気になる。

하다 만 일이 마음에 걸린다(걱정된다).

※ 「かける」는 동사 ます形에 접속하여 어떤 동작을 막 시작하는 느낌을 준다.

---

10. 〜か〜ないかのうちに ~하자마자

▶ 「ただいま」と言うか言わないかのうちにかばんを置いて走っていってしまった。

"다녀왔습니다" 하고 말하자마자 가방을 두고 달려나갔다.

※ 着くか着かないかのうちに 도착하자마자　電話を切るか切らないかのうちに 전화를 끊자마자
　　会社をやめるかやめないかのうちに 회사를 그만두자마자

---

11. 〜かねる ~하기 어렵다

▶ 見るに見かねて、手伝うことにした。차마 볼 수 없어서, 돕기로 했다.

※ 동사의 **ます形**에 붙어, 하고 싶어도 할 수 없다는 뜻을 나타낸다. 뜻은 부정이지만, 형태는 긍정형으로 쓰이는 것에 주의. ·**見るに見かねて** 차마 볼 수 없어서 **言いかねる** 말하기 어렵다

---

12. **～からといって** ～라고 해서

▶ 意見が合わないからといって暴力で解決することは許されない。

　　의견이 맞지 않는다고 해서 폭력으로 해결하는 것은 용서받을 수 없다.

※ 화자의 부정적인 감정, 비판적인 생각이 드러나는 문장이다. 따라서 문장 끝에는 「～てはいけない」(～해서는 안된다), 「～べきではない」(～해서는 안된다), 「～とは限らない」(～한다고는 할 수 없다)와 같은 부정적인 표현이 따라온다.

---

13. **～から見ると・～から見れば** ～로 보면, ～에서(의 입장에서) 보면

▶ このテストの結果から見ても志望校には楽に合格できそうだ。

　　이번 시험의 결과로 봐도 지망학교에는 가뿐히 합격할 수 있을 것 같다.

※ 「甘い」는 '달다, 달콤하다' 외에 ❶ 너무 자상하여 엄격함이 없거나(무르다) ❷ 평가기준이 엄격하지 않다(후하다) ❸ 마음가짐이 단단하지 못하다 등의 뜻으로도 쓰인다.

---

14. **～かわりに** ～하는 대신

▶ 手伝う代わりに、私の言う事も聞いてくれる？

　　도와주는 대신, 내가 말하는 것도 들어줄래?

※ 동사의 사전형 및 **た形**, 「명사+の」에 접속한다.
　　·**休む代わりに** 쉬는 대신 ·**休んだ代わりに** 쉰 대신 ·**あなたのかわりに** 너 대신

---

15. **～きり** ～한 뒤로

▶ 家のことは妻に任せきりなんです。

　　집안 일에 관한 것은 아내에게 맡긴 상태입니다.

※ 동사 **ます形, た形**에 접속하여 어떤 상태가 계속되고 있음을 나타낸다. 주로 「과거형+たきり」로 (～한 뒤로, 한 것을 끝으로) 많이 쓰인다. 또, 명사에 접속할 때는 「だけ」나 「しか」라는 뜻이 된다.

---

16. **～くせに** ～인 주제에

▶ 彼女は気が強いくせに涙もろい。 그녀는 성격이 강한 주제에 눈물도 많다.

※ 역접의 뜻이 들어 있으므로, 부정적인 내용이 따라온다. ·**気が強い** 성품이 억세다, 기가 세다

17.　〜こそ　〜야 말로

▶ 彼のような人こそ代表者になるべきだ。

그와 같은 사람이야 말로 대표자가 되어야 한다.

※ 「동사+てこそ」(함으로써 비로소) 형이 시험에 잘 나온다.

18.　〜ことに・〜ことには / 〜ないことには　〜하게도 / 〜하지 않고서는

▶ 日程が決まらないことには予定が立てられない。

일정이 정해지지 않고서는 예정을 세울 수가 없다.

※ 「〜ないことには」 뒤에는 부정형이나 부정적인 내용이 오는 것에 익숙해져야 한다.

19.　〜際・〜際に　〜(할) 때

▶ 外出する際は必ず鍵をかけてください。

외출할 때는 반드시 열쇠를 채우세요.

※ 「際」는 「時」(때)와 거의 같은 뜻이지만, 문장체로 격식을 갖춘 표현이다.

20.　〜ざるをえない　〜하지 않을 수 없다 = 〜ないわけにはいかない

▶ 証拠をつきつけられて、彼も認めざるを得なくなった。

증거를 들이대는 바람에 그도 인정하지 않을 수 없게 되었다.

※ 「ざる」는 ない 形에 접속한다. 단, 「する」는 「せざるをえない」로 외워두자. · つきつける 들이대다

21.　〜次第　〜하는 대로

▶ 受け取り次第、ご連絡します。 받는 대로 연락드리겠습니다.

※ 동사 ます形에 접속한다. ex. でき次第 완성되는 대로 / 終わり次第 끝나는 대로 / 届き次第 (물건이) 도착하는 대로. 「명사+次第」는 '〜나름'이란 뜻이다. ex. 相手次第 상대 나름

22.　〜ずにはいられない　〜하지 않고는 못 배기다

▶ 手紙を読んで、声を聞かずにはいられなくなって電話した。

편지를 읽고, 목소리를 듣지 않을 수가 없어서 전화했어.

※ 동사 ない形에 접속한다. 「ず」는 「ない」의 문어체표현. 「する」는 「せずにはいられない」.

---

23. たとえ〜ても 비록 〜해도

▶ たとえ辛くても途中で投げ出さないつもりです。

비록 힘들더라도 도중에 포기하지 않을 작정입니다.

※ 동사와 형용사 て形에 접속하고, 명사가 앞에 올 때는 「でも」가 된다.

---

24. 〜たとたん · 〜たとたんに 〜한 순간

▶ 家族の顔を見たとたん、気が抜けて座り込んでしまった。

가족의 얼굴을 본 순간, 힘이 빠져서 주저앉고 말았다.

※ 동사의 た形에 접속하는 것에 주의. 과거의 일에만 쓸 수 있다.

---

25. 〜だらけ 〜투성이

▶ 3日ぶりに帰ってきた愛犬は全身傷だらけだった。

3일만에 돌아온 애견은 온 몸에 상처투성이였다.

※ 보통 「傷だらけ」(상처투성이), 「泥だらけ」(진흙투성이)를 많이 쓴다.

---

26. 기본형 + ついでに 〜하는 김에

▶ 買い物に行くついでにこの手紙、ポストに入れてきて。

장 보러 가는 김에 이 편지, 우체통에 넣고 와.

※ 과거형에 붙으면 '〜한 김에'. 「ついでに」(내친 김에, 하는 김에)는 단독으로 부사구로도 쓰인다.

---

27. 〜っこない 〜할 턱이 없다

▶ 君には俺の気持ちなんかわかりっこないよ。

넌 내 마음 따위 알 수가 없지.

※ ます形에 접속하여 어떤 일이 일어날 가능성이 전혀 없다고 강하게 부정하는 말이다. = 「絶対〜しない」「〜するはずがない」「〜するわけがない」의 격의없는 표현이다.

---

28. 〜つつある 〜하고 있다

▶ 景気は緩やかに回復しつつある。 경기는 완만하게 회복되고 있다.

※ 동사 ます形에 접속한다. 「つつ」는 '〜하면서'의 뜻. 緩やかに 완만하게

29. **〜てしょうがない** 〜해서 어쩔 수가 없다

▶ 最近、昔の友達に会いたくてしょうがない。

요사이 옛날 친구를 몹시 만나고 싶다.

※ 「〜てしかたがない」의 회화체 말투. 주로 「〜たくてしょうがない」형으로 많이 쓰인다.

---

30. **〜ということだ** 〜라고 한다

▶ 結婚後は仕事を辞めて、専業主婦になるということだ。

결혼후에는 일을 그만두고, 전업주부가 될 거라고 한다.

※ 용언의 기본형에 접속한다. 어떤 이야기나 지식, 사건 등 구체적인 내용을 전달할 때 쓰는 표현이다.

---

31. **〜というものではない・〜というものでもない** 〜하는 게 아니다

▶ 仕事は、ただ給料が高ければいいというものでもない。

일은 단지 급료가 높다고 되는 것이 아니다.

※ 앞에 주로 「いい」, 「済む」와 같은 말을 동반하여 화자의 판단을 나타낸다.

---

32. **〜としたら・〜とすれば** 〜한다면

▶ 彼女がこのことを知らないとしたら大変な事だ。

그녀가 이 일을 모른다면 큰일이다.

※ 가정조건을 나타낸다.

---

33. **〜ないことには** 〜하지 않으면

▶ 相手の話も聞かないことには、判断が下せない。

상대방의 이야기를 듣지 않고서는 판단을 내릴 수 없다.

※ 동사 **ない**형에 접속한다. 주로 '〜하지 않고서는 〜할 수 없다'는 문장을 이끈다.

---

34. **〜ながら** 〜하면서

▶ 彼女の気持ちを知りながら、何も言わなかった。

그녀의 기분을 알면서도 아무말도 하지 않았다.

※ 뒤에 부정이 와서 '〜하면서도 〜하지 않다'는 용법으로 쓰인 예이다. = 「〜つつも」

35.　〜において 〜에 있어서

▶ 昨日、公会堂において第一回の集会が開かれました。

어제, 공회당에서 제1회 집회가 열렸습니다.

※ 시간이나 장소, 상황을 나타내는 말이 앞에 온다. 뒤에 명사를 꾸밀 때는 「〜における」가 된다.

36.　〜に(も)かかわらず・〜にかかわりなく 〜에도 불구하고

▶ あいにくの雨にもかかわらず、コンサートは大変盛り上がった。

애꿎은 비에도 불구하고, 콘서트는 대성황이었다.

※ 뒤에는 의외의 결과가 따라온다.

37.　〜にかけては 〜에 있어서는

▶ パスタ料理にかけては彼にかなうものはいない。

파스타요리에 있어서만큼은 그를 당할 자가 없다.

※ 「〜にかけては」는 뒤에서 말하고자 하는 내용의 조건이나 범위를 나타내는 말이 온다.

38.　〜に決っている 〜하기 마련이다, 〜할 것이 뻔하다

▶ うちのチームがどんなに一生懸命練習しても、相手チームが勝つに決っている。

우리 팀이 아무리 열심히 연습해봤자 상대 팀이 이길 게 뻔하다.

※ 앞에 동사 기본형이 오는 것에 주의. ＝〜に相違ない, 〜に違いない

39.　〜に比べて・〜に比べ 〜에 비해

▶ A市に比べ、B市の人口の伸びは鈍い。

A시에 비해, B시의 인구 증가는 둔하다.

※ 조사는 「に」 대신 「と」가 올 수도 있다. ・鈍い 둔하다

40.　〜にしたがって・〜にしたがい 〜함에 따라

▶ 寒くなるにしたがって、風邪を引く人も増えてくる。

추워짐에 따라, 감기에 걸린 사람도 늘어나고 있다.

※ 「したがい」는 「したがって」의 문어체표현. 단독으로 쓰이는 「したがって」(따라서)는 접속조사이다.

---

41. **〜にすぎない** 〜에 불과하다, 〜에 지나지 않다

▶ 彼にとって、私はたくさんいるガールフレンドの中の一人に過ぎないのだ。

　그 사람에게 난 수많은 여자 친구 중의 한 사람에 지나지 않는다.

※ 조사 「に」가 오는 것에 주의. ·氷山の一角 빙산의 일각

---

42. **〜に対して・〜に対する** 〜에 대해 · 〜에 대한

▶ あの人は、誰に対しても態度が変わらない。

　저 사람은 누구를 대하든 태도가 바뀌지 않는다.

※ 이 예문의 「対して」를 능숙하게 사용하는 학습자가 많지 않다. 쓰임새를 잘 기억해두자.

---

43. **〜に違いない** 〜에 틀림없다

▶ 先生に告げ口したのはあいつに違いない。

　선생님께 일러바친 건 저녀석이 틀림없어.

※「違わない」로 잘못 쓰지 않도록 주의. ·告げ口する 고자질하다

---

44. **〜にほかならない** 〜에 다름 아니다

▶ その発言は、彼が本気である事の表れにほかならない。

　그 발언은 그사람이 진심이라는 것의 표현에 다름 아니다.

※ 비교적 문장체나 격식을 갖춘 말투에 쓰인다. ·冷める 식다

---

45. **〜によって** 〜(함)에 따라

▶ あの会社は、営業成績によって、ずいぶん給料が違うらしい。

　그 회사는 영업성적에 따라 꽤 급여가 다른 모양이다.

※「〜により」로도 쓰는데, 이 표현은 논문이나 기사 등에 많이 쓰인다.

---

46. **〜にわたって・〜にわたり** 〜에 걸쳐

▶ 木村さんは、長年にわたって、会社の発展に尽くして来られました。

　기무라 씨는 오랜 세월에 걸쳐 회사의 발전을 위해 애써오셨습니다.

※ 조사에 주의. 뒤에 명사를 꾸밀 때는 「〜にわたる」「〜にわたった」 형태로 꾸민다.

---

47. 〜ぬきでは・〜ぬきには　〜를 빼고는

▶ 1990年代の社会は、インターネットぬきには語れない。

1990년대의 사회는 인터넷을 빼고는 말할 수 없다.

※ 「ぬく」(빼다)라는 동사에서 온 말이다. 참고로 「ぬけている」는 '빠져 있다'는 뜻이다. ・教科書の3〜4ページの部分がぬけている。교과서의 3〜4페이지 부분이 누락되었다.

48. 〜ば〜ほど　〜하면 〜할수록

▶ 知れば知るほど疑問がわいてくる。

알면 알수록 의문이 생긴다.

※ 「가정형+ば, 동사사전형+ほど」 문형이다. 이 문형에서는 「ば」를 「たら」나 「と」로 바꿀 수 없다. 「なら」는 순수한 가정이나 조건을, 「と」는 시간의 경과나 자연법칙 등을 나타내는 경우가 많다.
　・君が行くなら僕も行く。　　　　　　　네가 가면 나도 간다.
　・梅雨になるとカビが生える。　　　　　장마때가 되면 곰팡이가 핀다.
　・5分以内に出発するなら間に合うだろう。　5분이내에 출발하면 시간에 맞을거야.
　・5分以内に出発しないと遅れるだろう。　5분이내로 출발하지 않으면 늦을거야.

49. 〜ばかりか・〜ばかりでなく　〜뿐인가・〜뿐 아니라

▶ 今や大人ばかりか、子どもまでコンピューターを使う時代になった。

이젠 어른뿐만 아니라 아이들까지도 컴퓨터를 사용하는 시대가 되었다.

※ 뒤에 반드시 「〜まで」 또는 「も」가 온다.

50. 〜べきだ　〜해야 한다

▶ 気持ちはわかるが、それはあなたが口を出すべき問題ではない。

기분은 알겠지만, 그건 네가 끼어들 문제가 아냐.

※ 부정형은 「〜べきで(は)ない」. 문장에 따라서는 '〜해야 할' 또는 '〜할 만한'으로 번역될 수 있다.

51. 〜まい　〜하지 않겠지(추측), 〜하지 않을테다(의지), 〜도 아닐 테고(이유)

▶ 卒業旅行に行こうか行くまいか迷っている。

졸업여행을 갈지 말지 망설이고 있다.

※ 기본형에 접속한다. 긍정형이지만 단어 자체에 부정의 뜻이 내포되어 있다. ・子供じゃあるまいし、わからないはずがないよ。애도 아니고 모를 리가 없어.

52. ～向(む)けの　～을 대상으로 한

▶ 観光客(かんこうきゃく)向(む)けのレストランの中(なか)には、高(たか)くてまずい料理(りょうり)を出(だ)すところも少(すく)なくない。

관광객 용 레스토랑 중에는 비싸고 맛없는 음식을 내놓는 곳도 적지 않다.

※ 참고로 「～に向(む)いている」는 '～에 (적성이)맞다', 「向(む)き」는 '방향'을 뜻한다. ·南(みなみ)向(む)きの部屋(へや)です。남향 방입니다.

---

53. 召(め)し上(あ)がる　드시다

▶ 何(なに)もありませんが、遠慮(えんりょ)なく召(め)し上(あ)がってください。

차린 것은 없지만, 맘껏 드세요.

※「お召(め)しになる」는 「着(き)る」의 존경어로 '입으시다'란 뜻이다. ·お気(き)に召(め)す 마음에 드시다

---

54. ～ものだ·～ものではない　～하는 거야/ ～하는게 아니야(도덕적인 상식)

▶ いくら腹(はら)が立(た)っても、そんなことを言(い)うものではない。

아무리 화가 났더라도 그런 말을 하면 안되지.

※「もの」의 대표적인 뜻은 '것'이지만, 쓰임새가 다양하기 때문에 잘 파악해두어야 한다.
① 人間(にんげん)は弱(よわ)いものだ。인간은 약한 법이다. (일반적인 경향)
② 大人(おとな)のいうことには耳(みみ)を傾(かたむ)けるものだ。어른이 하는 말에는 귀를 귀울이는 법이다. (가치의 강요)
③ 学生時代(がくせいじだい)は夜通(よどお)し仲間(なかま)と語(かた)り合(あ)ったものだ。학창시절 때는 밤새 친구랑 얘기하곤 했다. (과거의 회상)
④ よく一人(ひとり)で完成(かんせい)させたものだ。잘도 혼자서 완성시켰구나. (감탄)

---

55. ～ものだから　～것이니까

▶ あまりびっくりしたものだから、荷物(にもつ)をその場(ば)においてきてしまった。

너무 놀라서, 짐을 그 자리에 두고 와버렸다.

※「ものだから」로 이유를 나타내는 말로 쓰인다. 회화체에서는「もんだから」로 발음하기도 한다.

---

56. ～わけだ　～한 셈이다. ～한 것이다

▶ 1ドルが120円(えん)なら、10ドルだと1200円(えん)になるわけだ。

1달러가 120엔이면, 10달러면 1200엔이 되는 거야.

※「わけだ」는 '～(한) 셈이다, 또는 '～(한) 것이다'로 해석할 수 있다. 또, 「わけ」가 단독으로 명사로 쓰일 때는 '도리, 이치, 사정, 까닭'의 뜻이다.

---

57. 〜わけにはいかない　〜할 수는 없다

▶ あなただけ特別扱いするわけにはいきません。

당신만 특별취급 할 수는 없습니다.

※ 「〜わけにもいかない」(〜할 수도 없다)로도 쓴다. 동사 사전형(긍정)과 **ない**형(부정)에 접속한다.

58. 〜を通じて・〜を通して　〜를 통해서

▶ 秘書を通じて、出席できないとの連絡がありました。

비서는 통하여 출석할 수 없다는 연락이 왔습니다.

※ 보통 '연락이 왔다, 전화가 왔다'고 할 때 **くる**를 쓰지 않고 **ある**를 쓰는 경향이 있다.

59. 〜をはじめ・〜をはじめとする　〜을 비롯하여 · 〜을 비롯한

▶ 担任の山口先生を始め、諸先生方には本当にお世話になりました。

담임인 야마구치 선생님을 비롯하여, 모든 선생님들께 정말 신세 많이 졌습니다.

※ 「〜をはじめとする」(〜을 비롯한) 형태로 뒤의 명사를 꾸밀 수도 있다.

60. 〜をめぐって・〜をめぐる　〜를 둘러싸고, 〜를 둘러싼

▶ ゴミ問題をめぐって、活発な意見が交わされた。

쓰레기 문제를 둘러싸고, 활발한 의견을 주고받았다.

※ 조사 「を」가 오는 것에 주의.

2급 문형 확인문제

▶괄호안의 표현 중 적당한 표현을 고르는 문제입니다.

01. 父と(けんかして・けんかした)あげく、家を飛び出した。
아버지와 다툰 끝에, 집을 뛰쳐나갔다.

02. 彼のことを(思い・思う)あまり、出すぎた行動を取ってしまった。
그 사람을 너무 생각한 나머지, 지나친 행동을 하고 말았다.

03. (引き受ける・引き受けて)以上、責任は持ちます。
떠맡게 된 이상, 책임은 지겠습니다.

04. 仕事には妥協を(する・しない)一方、プライベートではとても優しい先輩です。
일에 있어서는 타협을 하지 않는 한편, 개인적으로는 아주 자상한 선배입니다.

05. 雨が(降り始める・降り始めない)うちに駅に着かなければ。
비가 오기 전에 역에 도착해야 돼.

06. 私がこの賞を取れたのも、今まで支えてくれた家族(に・の)おかげです。
제가 이 상을 탈 수 있었던 것도, 지금까지 지탱해준 가족 덕분입니다.

07. 暴動が(起こる・起こった)おそれがあるため、催しは中止になった。
폭동이 일어날 우려가 있기 때문에, 행사는 중지되었다.

08. 私の(知る・知った)かぎり、彼は人をだますような人ではない。
내가 아는 한, 그는 사람을 속일 사람이 아니야.

09. 彼は何か(言い・言う)かけてやめた。
그는 뭔가 말을 꺼내려다 말았다.

10. ドアを閉めるか(開けるか・閉めないか)のうちに車は走り始めた。
문을 닫자마자 자동차는 달리기 시작했다.

11. その件につきましては、私からは申し上げ(かねます・かねません)。
그 건에 관해서는 제가 말씀드리기 어렵습니다.

12. 良い点を(取りそう・取りたい)からといって、カンニングをしてはいけない。
좋은 점수를 받고 싶다고 해서, 컨닝을 해서는 안된다.

13. 苦労した私（から・で）見れば、君はまだまだ甘い。
고생한 내가 볼 때, 자네는 아직 멀었어.

14. 今週の日曜日に（出勤して・出勤する）かわりに、来週の水曜日は休みをもらうことに
なった。
이번주 일요일에 출근하는 대신 다음주 수요일은 휴가를 받기로 했다.

15. 父は10年前のある日、家を（出て行き・出て行った）きり、消息がわからない。
아버지는 10년 전 어느 날 집을 나가신 뒤로, 소식을 모른다.

16. （わかる・わからない）くせに知っているふりをするのはやめなさい。
알지도 못하면서 아는 척 하는 것은 그만두세요.

17. 何事も自分で（経験・経験して）こそ本当に自分のものになるのだ。
무슨 일이든 자신이 경험해봐야 진짜 자기 것이 되는 법이다.

18. （困った・困って）ことには、携帯電話をなくしてしまった。
난처하게도 휴대폰을 잃어버리고 말았다.

19. 帰省（して・した）際にお見み）合いをした。
귀성했을 때 선을 봤다.

20. 誰も行けないとなれば、私が（行か・行き）ざるをえない。
아무도 갈 수 없다면 내가 갈 수밖에 없다.

21. 会社に（戻り・戻る）次第、ファクスを送ります。
회사에 도착하는 대로 팩스를 보내겠습니다.

22. あまりに感動的な話だったので、誰かに（話さず・話せず）にはいられなかった。
너무 감동적인 이야기였기 때문에, 누군가에게 말하지 않고는 있을 수가 없었다.

23. たとえ貧乏（びんぼう）（ても・でも）愛があるから幸せです。
비록 가난해도 사랑이 있기에 행복합니다.

24. その写真を（見る・見た）とたん、彼の顔色が変わった。
그 사진을 본 순간, 그의 안색이 바뀌었다.

25. 小さいころは、毎日外で（山・泥）だらけになって遊びました。
어릴 때는 매일 밖에서 진흙 투성이가 되어 놀았습니다.

26. （出かけた・出かけようと）ついでに用事も済ませてきた。
외출한 김에 볼일을 마치고 왔다.

27. うちの夫が家事なんかやりっこ（あります・ありません）。
우리 남편이 집안일 같은 것 할 턱이 없습니다.

28. 二国間の緊張は徐々に（ゆるみ・ゆるむ）つつあります。
양국간의 긴장은 서서히 풀리고 있습니다.

29. 禁煙3日目だが、たばこが（吸いたいと・吸いたくて）しょうがない。
금연 3일째인데, 담배를 피우고 싶어 미치겠다.

30. 社長退任後は会長に（なって・なる）ということだ。
사장퇴임후에는 회장이 된다고 한다.

31. 本は、ただたくさん（読もうと・読めば）いいというものではない。
책은 단지 많이 읽으면 되는 것이 아니다.

32. 彼が出席しないと（したら・したから）誰が代わりに出席するのだろう。
그가 출석하지 않는다면 누가 대신 출석하는 거지?

33. 全員（集まる・集まらない）ことには何も決められない。
전원 모이지 않으면 아무것도 결정할 수 없다.

34. そばに（い・いる）ながら、力になってあげられなかった。
곁에 있으면서 힘이 되어주지 못했다.

35. 日本（で・に）おけるマーケティング調査の結果が出た。
일본에서의 마케팅 조사 결과가 나왔다.

36. 明日の試合は天候（が・に）かかわりなく9時から行われます。
내일 시합은 기후에 상관없이 9시부터 시작됩니다.

37. 字のきれいさ（に・を）かけては、田中さんがクラスで一番だ。
글자가 이쁘기로는 다나카 씨가 반에서 제일이다.

38. 男の子と女の子とでは、男の子の方が力が（強く・強いに）に決っている。
남자와 여자는, 남자 쪽이 힘이 세기 마련이다.

39. 例年（で・に）比べ、今年の夏は暑かった。
예년에 비해, 올여름은 더웠다.

40. 東京から西へ行く（に・と）したがって、うどんのつゆの色はだんだんと薄くなる。
동경에서 서쪽으로 가면서 우동 국물 색깔이 점점 맑아진다.

41. 今回明らかになった事は、氷山の一角に（過ぎる・過ぎない）。
이번에 밝혀진 것은 빙산에 일각에 지나지 않는다.

42. 質問に（対する・対して）は正直に答えて下さい。
질문에 대해서는 정직하게 대답해 주세요.

43. 彼が会社を辞めたのはライバル会社に転職するからに（違わない・違いない）。
그가 회사를 그만둔 것은 라이벌 회사로 가기 위해서임에 틀림없다.

44. 国民の政治に対する冷めた反応は、失望感の表れ（で・に）ほかならない。
국민의, 정치에 대한 차가운 반응은, 실망감의 표현에 다름아니다.

45. 人に（よって・ついて）考え方が違うのは当然です。
사람에 따라 사고방식 다른 것은 당연합니다.

46. 30年ねん（を・に）わたる調査の結果か、新種の昆虫が発見された。
30년에 걸친 조사결과, 신종 곤충이 발견되었다.

47. 今日は子ども（ぬけて・ぬきで）夜中まで語りあいましょう。
오늘은 아이는 빼고 밤중까지 이야기해요.

48. （聞けば・聞くと）聞くほどかわいそうな話だ。
들으면 들을수록 불쌍한 이야기다.

49. 最近は子ども（ばかりで・ばかりか）大人までゲームに夢中だ。
최근에는 아이들뿐인가, 어른까지 게임에 빠져 있다.

50. 黙っていてもわからない人には、はっきり（言い・言う）べきだ。
가만히 입을 다물고 있어도(말은 안한다고) 모르는 사람한테는 분명히 말해야 한다.

51. 髪の毛を短く切ろうか（切る・切ら）まいか迷っている。
머리카락을 짧게 자를까 말까 고민중이다.

52. 子ども(ための・向けの)本という事だが、大人にも感動的だった。
아이들 대상의 책이라고는 하나, 어른한테도 감동적이었다.

53. ここの食事は何でもおいしいですよ。何を(お召しになりますか・召し上がりますか)。
여기 식사는 뭐든지 맛있어요. 무엇을 드시겠습니까?

54. 親しい仲だとは言っても、人の家庭のことに首をつっこむ(ものだ・ものではない)。
가까운 사이라고는 해도, 다른 사람의 가정사에 참견해서는 안 된다.

55. 記憶力が(悪くて・悪い)ものだから何でもすぐに手帳に書くようにしている。
기억력이 나빠서, 뭐든지 바로 수첩에 쓰도록 하고 있어.

56. 彼はモデルらしい。どうりでかっこいい(わけ・べき)だ。
그는 모델답다. 그러니까 멋있지.

57. 少々具合が悪くても(休む・休んで)わけにはいかない。
조금 컨디션이 나쁘더라도 쉴 수는 없습니다.

58. 事務所(から・を)通じて、コメントが発表された。
사무소를 통하여 코멘트가 발표되었다.

59. ここ数年の間に、携帯電話(に・を)はじめとするモバイル機器は私たちの生活にすっかり根を下ろした。
요몇년 사이 휴대전화를 비롯한 모바일기기는 우리들 생활에 완전히 뿌리를 내렸다.

60. 不正を犯した職員の處分(を・に)めぐって激しい討論が続いた。
부정을 일으킨 직원의 처분을 둘러싸고 격한 토론이 계속되었다.

1급 문형 핵심 노트 BEST 38

01. ～いかんだ ～여하에 달려 있다

▶ 目標が達成できるかどうかは君の努力いかんだ

목표를 달성할 수 있을지 없을지는 자네 노력 여하에 달려 있어.

※ 「いかん」은 한자로는 「如何」라고 쓴다. 「～いかんによっては」, 「～いかんによらず」(여하에 따라서는)형태로도 많이 쓴다.

---

02. ～(よ)うと～まいと ～하든 안하든

▶ 彼が人に迷惑をかけようとかけまいと、私には関係ないことだ。

그사람이 다른 사람에게 피해를 주든 말든, 나와는 관계없는 일이다.

※ 「よう」와 「まい」 앞에 오는 동사 활용형에도 주의해야 한다.

---

03. ～かたがた ～하는 김에

▶ 先日の御礼かたがた、ちょっと寄らせてもらいました。

지난번 일 인사도 드릴 겸, 잠깐 들렀습니다.

※ '～할 겸'의 약간 격식을 갖춘 표현. 상황에 따라서는 「ついでに」(～하는 김에)라고 하면 실례가 될 수도 있으므로 주의해야 한다.

---

04. ～かたわら ～하는 한편

▶ 彼は仕事のかたわら夜間の大学に通っている。

그는 일하는 한편 야간대학에 다니고 있다.

※ 한자로는 「傍ら」로 표기하기도 한다.

---

05. ～からある ～(나)되는

▶ その大会の優勝者は50kgからあるバーベルを片手で持ち上げる。

그 대회의 우승자는 50kg이나 되는 역기를 한 손으로 들어올린다.

※ 주로 앞에 무게를 나타내는 말이 온다. ·金塊 금괴 バーベル 역기

06. 〜きらいがある (〜하는) 경향이 있다

▶ 彼には自分の意見を人に押し付けるきらいがある。

그는 자신의 의견을 다른 사람에게 밀어붙이는 경향이 있다.

※ 「傾向がある」(경향이 있다)의 뜻. '싫다'는 뜻은 없으므로 주의.

07. こととて 〜라 해도 (=であっても)

▶ 先日は知らぬこととて失礼しました。

지난번에는 제가 몰랐다 해도 실례가 많았습니다. (몰라서 하지 못했던 것에 대한 사과)

※ 딱딱한 표현이므로, 회화에서는 많이 쓰이지 않는다. · 知らぬこととて=知らなかったと言っても(몰랐다고는 해도) / 誰が行くこととて = 誰が行ったとしても(누가 가든지)

08. 〜しまつだ 〜하는 꼴이다

▶ 勝手に出て行って、失敗したら親に泣きつくしまつだ。

마음대로 나갔다가, 잘못되면 부모에게 매달리는 꼴이다.

※ 한자는 「始末」로 표기한다. 부정적인 결과나 내용에 사용한다. · 泣きつく 하소연하다, 사정하다

09. ずくめ 〜뿐, (색깔)일색, 온통 〜인 =ばかり

▶ 結構なことずくめで、なんの申し分もありません。

좋은 것들뿐, 흠잡을 게 없습니다.

※ 「黒ずくめ」(검정색 일색), 「いいことずくめ」(좋은 일이 많은), 「ごちそうずくめ」(맛있는 것이 많이 있는)와 같이 쓴다. 참고로 「だらけ」는 「泥だらけ」(진흙투성이), 「血だらけ」(피투성이)처럼 안 좋은 것으로 덮여 있을 때 쓴다.

10. 〜ずにはいられない 〜하지 않고는 못배기다 =しなければ満足できない

▶ 私は性格上本当のことを言わずにはいられないタイプだ。

나는 성격상 사실을 말하지 않고는 못배기는 타입이다.

※ 〜하지 않으면 만족할 수 없다는 뜻. 회화에서는 「〜ないではいられない」를 쓴다.

11. それまでだ 그뿐이다, 아무 소용이 없다

▶ 鍵があっても、掛け忘れればそれまでだ。 열쇠가 있어도 잠그는 것을 잊으면 소용없다.

12. **〜っぱなし** ~채

▶ おもちゃが出しっぱなしですよ。片付けなさい！

장난감이 나와 있잖아요. 치우세요.

※ 그대로 방치해두는 것(したままにすること)을 말한다. 「戸を開けっ放しにするな。」 문을 열어 둔 채로 두지 마라. 「仕事をやりっぱなしにして出かける。」 일을 하다 말고 외출하다.

---

13. **〜てやみません** ~바라 마지 않다

▶ 世界平和を祈ってやみません。

세계평화를 기원해마지 않습니다.

※ 늘 그러기를 소원한다는 뜻이다.

---

14. **〜といい〜といい** ~로 보나, ~로 보나(=〜も〜も)

▶ この色といい、つやといい、さすが青森のりんごだ。

이 색깔로 보나 광택으로 보나 과연 아오모리의 사과다.

※ 둘 이상을 나열하고, 둘 다 동일하게 평가할 때 쓰는 표현이다. =「〜も〜も」「〜だって〜だって」

---

15. **〜と思いきや** ~(한) 줄 알았는데

▶ 一難去ったと思いきや、また一難ふりかかる。

한 고비 넘겼다 싶었더니, 또 한 고비다.(산너머 산이다.)

※ 「〜と思ったところが意外にも」(~한 줄 알았는데 의외로)의 뜻이다. 의외의 결과나 예상밖의 일이 일어났을 때 쓴다. 비슷한 형태의 「思いきって」(큰 맘 먹고)와 혼동하지 않도록 주의.

---

16. **〜ないまでも** (앞 문장의 내용)만큼 충분하진 않지만

▶ 金銭的な援助はできないまでも、相談くらいなら乗るよ。

금전적인 원조는 못한다 해도, 상담 정도라면 해줄 수 있지.

※ 충분하진 않지만 뒷문장의 내용 정도는 한다는 뜻이다.

---

17. **〜なしに** ~없이(=なくして)

▶ 家族の理解なしに、転職をすることはできない。

가족의 이해 없이, 직장을 옮길 수는 없다.

※ '그것(그사람)이 꼭 필요하다'는 뜻이다. ·彼なくしては会がはじまらない。 그가 없이는 모임이 시작되지 않는다.

---

18. ~ならではの ~특유의, ~가 아니면 할 수 없는

▶ 仕事がうまくいったのも、彼の人柄ならではだ。

일이 잘 풀린 것도 그의 인품이 되니까 가능했던 것이다.

※ 「~なりに」(~나름대로)와 구별할 수 있어야 한다. 주로 「ならではの」의 형태로 '~만의'의 뜻으로 쓴다. ·韓国ならではの習慣 한국고유의 습관

---

19. ~なりに ~나름대로

▶ 鈴木さんなりに考えた末の結論なのだろう。

스즈키 씨 나름대로, 생각한 끝에 내린 결론일 것이다.

※ 「なりの」(~나름의)형태로 뒤의 명사를 꾸민다. 완벽하지는 않더라도 최선을 다했다는 긍정적인 평가가 들어 있다. 이밖에 「それなりにいい」(나름대로 괜찮다), 「言いなりになる」(시키는 대로 하다)와 같은 표현도 알아두자.

---

20. ~にあって ~에서

▶ 男ばかりの職場にあって、彼女はよくやっていると思う。

남자들뿐인 직장에서, 그녀는 잘 하고 있다고 생각한다.

※ 어떤 장소나 처해 있는 상황을 나타낸다. 「で」의 격식을 갖춘 표현.

---

21. ~にたえる・~にたえない ~할만하다 / 차마 ~할 수 없다

▶ 3年間の音楽留学で、批評家たちの鑑賞にたえる演奏をする実力が身についた。

3년간의 음악유학으로, 비평가들이 감상할만한 연주 실력이 생겼다.

※ 「たえる」는 원래 (외부로부터의 압력 등에) '버티다'의 뜻이다. 조사 「に」가 오는 것에 주의. 「たえない」는 감정을 억누를 수 없거나 부담이 되어 그것을 감당할 수 없다는 뜻이다.

---

22. ~にひきかえ ~에 반해

▶ 勉強家の兄にひきかえ、弟は怠け者だ。

공부벌레인 형에 반해, 동생은 게으름뱅이이다.

※ 뒤에는 반대되는 내용이 오는데, 주로 앞에 긍정적인 예가 온다. 비슷한 표현은 「~に反して」(~에

반하여), 「〜に比較して」「〜と比べて」(〜에 비하여) 등이 있다.

---

23. 〜のかぎり　최대한도까지, 전부

▶ 宝くじで1等が当たったら贅沢のかぎりを尽くしたい。

복권에서 1등이 당첨된다면 실컷 사치해보고 싶다.

※ 「명사+のかぎり」 또는 「동사기본형 + かぎり」 로 쓴다. 「かぎり」는 한자로 「限り」로 표기한다. 또 「〜のかぎりだ」 형태로 어말에 쓰면 '〜하기 짝이 없다, 매우 〜하다'의 뜻이다. · 力のかぎり 힘 닿는 한 贅沢のかぎり 사치할 수 있는 한 命のかぎり 살아있는 한(관용구)

---

24. 〜はおろか　〜는 커녕, 〜는 고사하고

▶ 韓国に来て2年になるが、忙しくて雪岳山はおろか、まだソウルタワーにも登っていない。

한국에 온지 2년이 되지만, 바빠서 설악산은 고사하고, 아직 서울타워에도 가지 못했다.

※ 뒤에는 부정적인 내용이 온다. 앞에 정도가 높은 예를 먼저 들어서 그것도 아니기 때문에 뒤의 내용은 당연히 아니다라고 강조하는 표현이다.

---

25. 〜べからず　〜하지 말 것

▶ この先入るべからず。

이 앞으로 진입을 금함.

※ '〜하지 마'(〜するな)라는 뜻. 동사의 기본형에 연결되는 것에 주의. '〜해야 한다'는 뜻으로는 「〜べき」를 쓴다. 둘 다 고어체 표현이다.

---

26. (〜として) 〜まじき　(〜로서) 〜해서는 안되는

▶ 生徒の心をわざと傷つけるなど、教育者としてあるまじき行為である。

학생들의 마음을 일부러 성처주는 등, 교육자로서는 해서는 안되는 행위이다.

※ 문어체 표현이다. 주로 「〜としてあるまじき」(〜로서 해서는 안 되는)형태로 많이 쓴다.

---

27. 〜までだ　〜(하면) 그만이다, 그뿐이다

▶ できないのならやめるまでだ。 할 수 없으면, 그만두면 그만이다.

※ 동사 사전형에 접속한다.

---

28. 〜まbut〜할 필요도 없다

わざわざ私が忠告するまでもないでしょう。

일부러 내가 충고를 할 필요도 없을 것입니다.

※ 동사 사전형에 접속한다.

---

29. 〜ものを 〜했었을 텐데

もっと早く言ってくれれば力になれたものを。

좀더 빨리 말해주었더라면 힘이 되었을 텐데.

※ 「ものを」 바로 앞에 오는 행동이 실현되지 못한 것을 나타낸다. 후회의 감정이 들어 있다.

---

30. 〜や否や 〜하자 마자 ＝〜がはやいか, 〜とすぐ

玄関を出るや否や雨が降り始めた。

현관을 나서자마자 비가 내리기 시작했다.

※ 문장체 표현이다. 「동사 사전형 ＋ や否や」 형태로 쓴다.

---

31. 명사＋ゆえ（に） 〜때문에(이유, 원인)

戦争中のことゆえに、彼らには何の自由もなかった。

전쟁중이었던 만큼, 그들에게는 아무런 자유도 없었다.

※ 「명사＋のゆえ」(〜때문), 「명사＋ゆえである」(〜것은 〜때문이다) 형태로도 쓴다. 앞에 문장이 올 때는 「〜がゆえに」 형태로 쓴다.

---

32. 〜を皮切りに 〜를 시작으로

韓国に行ったのを皮切りに、世界20カ国を回った。

한국에 간 것을 시작으로, 세계 20개국을 돌아다녔다.

※ 직역하면 '껍질을 자르다'란 뜻. 「〜を皮切りにして」, 「〜を皮切りとして」로도 쓴다.

---

33. 〜を禁じ得ない 〜을 금할 수 없다 (＝ずにはいられない)

彼の生い立ちを聞いて、涙を禁じ得なかった。

그의 성장과정을 들으니, 눈물을 금할 수가 없었다.

※ 어떤 감정(분노나 동정심)을 억누를 수 없다는 뜻이다. · 生い立ち 성장내력, 성장과정

34. 〜をもって 〜으로

▶ これをもってお開きにいたします。 이것으로 오늘 모임을 마치기로 하겠습니다.

※ 시간이나 수량의 한계를 나타내는 「で」와 같은 뜻이지만, 격식을 갖춘 표현이다. 「〜をもって」는 이밖에도 수단이나 방법, 원인이나 이유, 날짜를 나타내는 용법이 있다.

35. 〜をものともせずに 〜을 문제 삼지 않고, 아랑곳하지 않고

▶ 逆境をものともせずに、今の地位を築き上げた彼に対して、みんな暖かい拍手を送った。

역경을 이겨내고 지금의 지위를 쌓아올린 그에게, 모두들 따뜻한 박수를 보냈다.

※ 어떤 어려움이나 역경을 두려워하지 않는다는 뜻이다. 긍정적인 표현이다. · 築き上げる 구축하다

36. 〜をよそに 〜을 무시하고, 〜을 소홀히 하고

▶ 親の心配をよそに、子供達は好き勝手にしている。

부모의 걱정을 아랑곳하지 않고, 자녀들은 자기 하고 싶은 대로 하고 있다.

※ 위 표현과 비슷하지만, 이것은 신경써야 할 것을 신경쓰지 않는다는 뜻으로 부정적인 느낌을 준다.

37. 〜んばかりの 곧 〜할 것 같은

▶ 食堂のおばさんは帰れと言わんばかりの顔で私達を見た。

식당의 아주머니는 곧 돌아가라고 말할 것 같은 얼굴로 우리들을 보았다.

※ 앞에는 동사 부정형이 온다. 실제로는 그렇지 않지만, '곧 〜할 것 같다'는 뜻이다. · 泣きださんばかりの顔 곧 울음을 터뜨릴 것 같은 얼굴

38. 〜んがために 〜하기 위해(목적)

▶ 自分を守らんがために、彼は信じられない行動に出た。

자신을 지키기 위해, 그는 믿을 수 없는 행동으로 나왔다(행동을 취했다).

※ 「〜んがための」(〜하기 위한)형태로 많이 쓴다. 여기서 「ん」은 「ぬ=ない」이므로 ない형에 접속한다.

1급 문형 확인문제

01. 次の試験の成績(いかんで・いかんだ)受験できる学校がきまる。
다음 시험 성적 여하에 따라 시험칠 수 있는 학교가 정해진다.

02. 注意されようと(されまいと・されないと)、していけないことはしてはいけない。
주의를 받든 안 받든 해서는 안되는 일은 해서는 안된다.

03. ご無沙汰していたので、ご挨拶(かたがた・ときどき)お電話したのです。
오랫동안 연락을 드리지 못해, 인사차 전화드렸습니다.

04. 彼女は子育ての(かわり・かたわら)小説家として本も書いている。
그녀는 아이를 키우는 한편, 소설가로서 책도 쓰고 있다.

05. その遺跡からは30kg(からある・まである)金塊が出土しました。
그 유적에서는 30kg이나 되는 금괴가 출토되었다.

06. あの人は、何でも悪い方に考える(すき・きらい)がある。
그사람은 뭐든지 나쁜 쪽으로 생각하는 경향이 있다.

07. 物価が上がっている折、誰が(行く・行って)こととて日本で生活するのは大変なこと
だ。 물가가 오르고 있는 시점에, 누가 가든지 일본에서 생활하기란 힘든 일이다.

08. 自分が悪いくせに、みんなに向かって(どなり・どなる)しまつだ。
자기가 잘못한 주제에, 다른 사람들한테 화를 내는 꼴이다.

09. 彼は(黒・くろい)ずくめの服装で現れた。
그는 검정색 일색의 복장으로 나타났다.

10. 私は買い物に行ったら何か(買わず・買えず)にはいられない。
나는 쇼핑을 가면 뭔가 사지 않으면 못배긴다.

11. どんなにお金を貯めても、(生きていれば・死んでしまえば)それまでだ。
아무리 돈을 모아도, 죽고 나면 그뿐이다.

12. 窓を(あけかねて・あけっぱなしで)出かけたら泥棒が入るかもしれません。
창문을 열어둔 채 외출하면 도둑이 들지도 몰라요.

13. 彼の成功を(願うと・願って)やみません。
그의 성공을 기원할 뿐입니다.

14. 発音といい、語彙の豊富さと(いい・いっても)彼のフランス語はすばらしい。
발음으로 보나 어휘의 풍부함으로 보나 그의 불어는 훌륭하다.

15. 昇進したのは彼かと(思いきや・思いきって)同期の女子社員だった。
승진한 사람이 그인줄 알았는데, 동기 여사원이었다.

16. 力になれない(までで・までも)、心の中で応援しています。
힘이 되지는 못하지만, 마음 속으로 응원하고 있습니다.

17. 彼の力(なしに・なくも)この契約を結ぶ事はできなかっただろう。
그의 힘(도움) 없이 이 계약을 체결할 수는 없었을 것이다.

18. この料理は、この地方 (ならでは・なりには)の味である。
이 요리는 이 지방에서만 맛볼 수 있는 맛이다.

19. 私(なりで・なりに)頑張ってみましたが、力不足でした。
저 나름대로는 열심히 해봤습니다만, 역부족이었습니다.

20. あの状況(で・に)あって、よく冷静な判断ができましたね。
그 상황에서 냉정하게 잘 판단했군요.

21. 彼女たちは集まるたびに、聞くに(たえる・たえない)悪口を言う。
그녀들은 모일 때마다, 차마 들을 수 없는 욕을 한다.

22. 去年 (で・に)ひきかえ、今年は暖かい。
작년에 비해 올해는 따뜻하다.

23. 次の大会では(力・力の)かぎり精一杯戦うつもりだ。
다음 대회에서는 힘닿는 한 죽을 각오로 싸울 생각입니다.

24. 恋人 (の・は)おろか、男の知り合いの一人もいませんよ。
애인은 고사하고, 아는 남자 하나 없어요.

25. 公園内に車を(止めて・止める)べからず。
공원내 자동차 주차를 금함.

26. 学生(にして・として)あるまじき行為をしたということで、彼は停学処分になった。
学생으로서 해서는 안되는 행위를 함으로써, 그는 정학처분을 받게 되었다.

27. 学校側から自分の教え方に口を出すようなら自分は(やめる・やめた)までだ。
학교측에서 나의 교육 방법에 참견한다면 나는 그만두면 그만이다.

28. 彼が優秀である事を、いまさら言う(までも・までは)ないでしょう。
그가 우수하다는 사실을 새삼 말할 필요도 없겠지요.

29. 私が知っていれば止めた(ものに・ものを)。
내가 알았더라면 멈추게 했을 텐데.

30. 彼女はその写真を(見る・見た)や否や泣き出した。
그녀는 그 사진을 보자마자 울음을 터뜨렸다.

31. (貧しく・貧しさ)ゆえに、彼は物乞いをするようになった。
빈곤 때문에, 그는 구걸을 하게 되었다.

32. この店(を・で)皮切りに、全国に支店を作るつもりだ。
이 가게를 시작으로 전국에 지점을 만들 생각이다.

33. よくよく事情をきくと、彼の立場には同情を(禁じます・禁じ得ない)。
사정을 찬찬히 듣고보니, 그의 입장에 동정을 금할 수가 없다.

34. 以上を(よって・もって)説明を終わらせていただきます。
이상으로, 설명을 마치도록 하겠습니다.

35. 長期出張から戻った疲れを(ものとも・ものの)せずに次の取引先に向かった。
장기출장으로 인한 피로에도 아랑곳하지 않고, 다음 거래처로 향했다.

36. 彼は勉強(の・を)よそに、毎日遊び回っている
그는 공부를 팽개치고, 매일 놀러 다닌다.

37. 彼女は(泣き出す・泣き出さん)ばかりの顔で、私の家へ来た。
그녀는 곧 울음을 터뜨릴 것 같은 얼굴로, 우리집에 왔다.

38. ライバルに(勝とう・勝たん)がために毎日休まず練習を続けた。
라이벌을 이기기 위해 매일 쉬지 않고 연습을 계속했다.

2급 문법문제 동사중심

※ 次の文の__________にはどんな言葉を入れたら良いか、1・2・3・4から最も適当なものを一つ
選びなさい。

1. さんざん__________あげく、このことは誰にも言わないと決めた。
   ① 悩む　　　　　② 悩んで　　　　　③ 悩んだ　　　　　④ 悩もう

2. お金さえあれば、こんな苦労は__________いいのに。
   ① すれば　　　　② するだけ　　　　③ しないと　　　　④ しなくて

3. しばらく掃除をしていなかったので、部屋がほこり__________だ。
   ① あたり　　　　② きり　　　　　　③ どころ　　　　　④ だらけ

4. 課長は、残業続きで疲れ__________のようだ。
   ① げ　　　　　　② きり　　　　　　③ ぎみ　　　　　　④ まみれ

5. あのまじめな加藤さんに__________、飲酒運転などするはずがありません。
   ① 関して　　　　② 比べて　　　　　③ かけて　　　　　④ 限って

6. 話題になったにしては、__________映画だった。
   ① つまらない　　② おもしろい　　　③ 長い　　　　　　④ 新しい

7. 彼はうそをついているに__________。
   ① 違いない　　　② 違わない　　　　③ 違うのだ　　　　④ 違うそうだ

8. 5年間に__________戦いは、先月やっと終わった。
   ① とどまる　　　② わたる　　　　　③ ともなう　　　　④ する

9.　今年の夏は記録的な＿＿＿＿＿でした。

① 暑い　　　　　② 暑かった　　　③ あつく　　　④ 暑さ

10.　景気の回復は雇用対策抜きには＿＿＿＿＿。

① ありうる　　　② ありえない　　③ あるだろう　　④ あるわけだ

11.　暗くならない＿＿＿＿＿帰ったほうがいい。

① 上に　　　　　② 前に　　　　　③ うちに　　　④ わりに

12.　大学は出た＿＿＿＿＿、就職が見つからなくて困っている。

① ものの　　　　② ほどに　　　　③ ながら　　　④ どころか

13.　田中さんはピアノも＿＿＿＿＿、ギターも上手だ。

① ひくと　　　　② ひけば　　　　③ 買って　　　④ 打つし

14.　同じクラスになったことを＿＿＿＿＿、二人は親しくなった。

① くせに　　　　② ついでに　　　③ きっかけに　　④ よそに

15.　さっきの食事は量が多すぎて＿＿＿＿＿。

① 食べたかった　　　　　　　② 食べるしかない

③ 食べるつもりだ　　　　　　④ 食べ切れなかった

16.　この曲を聴く＿＿＿＿＿、学生時代を思い出します。

① たびに　　　　② あまり　　　　③ かわりに　　④ だけに

17.　＿＿＿＿＿、読むほど面白い小説だ。

① 読むと　　　　② 読んで　　　　③ 読めば　　　④ 読んだ

18. あなたの気持ちもわからない＿＿＿＿＿＿＿が、もっと現実を見たほうがいい。

① ものがない　　　　　　　　② ようがない

③ ほかでもない　　　　　　　④ わけではない

19. 韓国や日本では、目上の人に＿＿＿＿＿＿＿敬語を使う。

① かけて　　　　② あたって　　　　③ 対して　　　　④ したがって

20. 最近は土曜、日曜は＿＿＿＿＿＿＿、お正月やお盆にも休まない店が増えている。

① とにかく　　　　② もとより　　　　③ まして　　　　④ ひきかえ

21. 恋人のために、心を＿＿＿＿＿＿＿セーターを編んだ。

① こめて　　　　② 入れて　　　　③ ついで　　　　④ つめて

22. 慌てて出て行ったらしく、部屋には読み＿＿＿＿＿＿＿の雑誌が開いたまま置いてあった。

① かけ　　　　② まま　　　　③ だけ　　　　④ つつ

23. 担当者がおりませんので、詳しい事は＿＿＿＿＿＿＿。

① わからざるをえません　　　　　　② わかるわけです

③ わかりかねます　　　　　　　　　④ わかりかねません

24. 一度やると決めた＿＿＿＿＿＿＿、最後までがんばりなさい。

① あまりは　　　　② からには　　　　③ ものでは　　　　④ とはいえ

25. 歌手はファンの声援に＿＿＿＿＿＿＿手を振った。

① こたえて　　　　② 対応して　　　　③ つれて　　　　④ まかせて

26. 体調が悪かったので、母に頼んで子どもの面倒を＿＿＿＿＿＿＿。

① みてさしあげた　　② みてくれた　　③ みてもらった　　④ みてやった

27.　この仕事は前からやりたかったんです。ぜひ私に＿＿＿＿＿下さい。

① させて　　　　② されて　　　　③ やって　　　　④ してもらって

28.　明日、田舎から両親がこちらに＿＿＿＿＿ので、休みたいのですが…。

① いらっしゃる　② 来られる　　　③ 来る　　　　　④ 行く

29.　テストの点数が悪かった事を、親に言おうか＿＿＿＿＿迷っている。

① 言うべきか　　② 言うはずか　　③ 言うどころか　④ 言うまいか

30.　私も二十歳になった。大人＿＿＿＿＿恥ずかしくない行動をしなければ。

① として　　　　② によって　　　③ といえば　　　④ にとって

31.　年を取るに＿＿＿＿＿記憶力が悪くなるのはしかたがないことだ。

① ついて　　　　② つれて　　　　③ ともに　　　　④ おいて

32.　新しくできたスーパーに行ってみたが、人が多くて買い物をするどころか

＿＿＿＿＿。

① とても高かった　　　　　　　② たくさん買えた
③ 中にも入れなかった　　　　　④ それほど新しくなかった

33.　いくら嫌いだからといって、＿＿＿＿＿。

① 一口も食べないのは良くない　② 食べないのは当然だ
③ それほど嫌いではない　　　　④ まったく食べなかった

34.　無事と聞かされても、実際に姿を＿＿＿＿＿安心できない。

① 見たからには　② 見ることには　③ 見ないわけでは　④ 見ないことには

35.　明日の朝の天候＿＿＿＿＿では、遠足は中止になるかもしれません。

① 次第　　　　　② 是非　　　　　③ 以来　　　　　④ 以上

36. 憲法改正を＿＿＿＿＿、活発な議論が続いている。
　　① 通じて　　　　② めぐって　　　　③ まわって　　　　④ かこんで

37. 頭ばかりか、のど＿＿＿＿＿痛くなってきた。
　　① のみ　　　　　② ほど　　　　　　③ まで　　　　　　④ から

38. さっきの態度からすると、彼は真実を知っているに＿＿＿＿＿。
　　① 違いない　　　② ほかならない　　③ すぎない　　　　④ こした事はない

39. たとえ周りが＿＿＿＿＿、私はあなたと結婚します。
　　① 賛成しようと　② 賛成したものの　③ 反対しようと　　④ 反対したものの

40. 音楽好きのあの人の＿＿＿＿＿、きっとこの曲も知っているよ。
　　① ことから　　　② ことには　　　　③ ことだから　　　④こととはいえ

41. 無理をした＿＿＿＿＿、風邪がひどくなってしまった。
　　① ばかりか　　　② ばかりに　　　　③ ばかりで　　　　④ ばかりの

42. 健康だった祖母も、70歳を過ぎてからは病気＿＿＿＿＿だ。
　　① がち　　　　　② より　　　　　　③ 向き　　　　　　④ まけ

43. あなたにはつまらないことかもしれませんが、私に＿＿＿＿＿、大事なことなのです。
　　① おいては　　　② かけては　　　　③ とっては　　　　④ 際しては

44. あの遊園地は四季を＿＿＿＿＿客が多い。
　　① 問わず　　　　② 比べず　　　　　③ ものともせず　　④ かまわず

45. 田舎に帰ると＿＿＿＿＿1泊するだけです。
　　① すると　　　　② いっても　　　　③ ばかりに　　　　④ いえでも

46.　大人＿＿＿＿＿＿サイトは青少年に見られないようにするべきだ。
　　① あっての　　　　② たる　　　　　③ 向けの　　　　④ ための

47.　まだ仕事をはじめて一カ月なので、わからないこと＿＿＿＿＿＿です。
　　① あたり　　　　　② まじき　　　　③ かぎり　　　　④ だらけ

48.　風邪をひいたら、ひどくならない＿＿＿＿＿＿休んだほうがいい。
　　① うちに　　　　　② まえに　　　　③ まで　　　　　④ ときに

49.　あの食堂のカレーはすごくまずかった。もう二度と行く＿＿＿＿＿＿。
　　① ところか　　　　② までだ　　　　③ ものを　　　　④ まい

50.　現代建築についてはバウハウスを＿＿＿＿＿＿語れない。
　　① はじめ　　　　　② ぬきにしては　③ のぞいて　　　④ もとに

1급 문법문제 동사중심

※ 次の文の＿＿＿＿＿＿にはどんな言葉を入れたら良いか、1·2·3·4から最も適当なものを一つ
選びなさい。

1. 彼は寝る間も＿＿＿＿＿＿勉強に励んだ。
   ① とらえて　　　② 耐えて　　　③ 惜しんで　　　④ せがんで

2. 親＿＿＿＿＿＿者は、子どもの目標となる存在でありたい。
   ① たる　　　② なり　　　③ です　　　④ べき

3. 戦争のない世の中が来る事を願って＿＿＿＿＿＿。
   ① しかたありません　② たまりません　　③ ありません　　④ やみません

4. あなたを＿＿＿＿＿＿、次期会長はいない、どうか引き受けて下さい。
   ① おいて　　　② ひいて　　　③ のぞいて　　　④ はずして

5. ここにあなたのサインが残っています。「知らない」では＿＿＿＿＿＿。
   ① すまされませんよ　② あやまりませんよ　③ 思いませんよ　　④ ありえませんよ

6. 海外旅行はおろか、＿＿＿＿＿＿。
   ① 国内旅行が一番だ　　　　　② ハワイがすばらしかった
   ③ 来年行く予定だ　　　　　④ 国内旅行にも行った事がない

7. 慣れた人＿＿＿＿＿＿3時間はかかる道です。歩くのは無理ですよ。
   ① ならでは　　　② ですら　　　③ にかかわらず　　④ といい

8. 彼女はいつもの通り、上から下まで黒＿＿＿＿＿＿の服装で現れた。
   ① ずくめ　　　② がてら　　　③ とりどり　　　④ まかせ

9.　田中は今外出中ですので、戻りましたらこちらからお電話__________。
　　① いただきます　　② さしあげます　　③ かかってきます　　④ くださいます

10.　コーヒーと紅茶、どちらに__________。
　　① 召し上がりますか　　　　　　　　② いただきますか
　　③ お召しになりますか　　　　　　　④ なさいますか

11.　髪が長いので、女性かと__________男性だった。
　　① 思いきり　　② 思うだけあって　　③ 思うばかりか　　④ 思いきや

12.　これだけ言ってもわかってもらえないのなら、君とは縁を__________。
　　① 切るまでだ　　② 切るほどだ　　③ 切らんばかりだ　　④ 切るまでもない

13.　お兄ちゃんは今日も100点をとってきたわよ。__________弟のあなたはどうしてこんなに勉強しないの。
　　① それでは　　② それはそうとして　　③ それにひきかえ　　④ それとも

14.　彼が今日の地位を築くまでには、本人の努力も__________、家族の献身的な協力があった。
　　① なくしては　　② さることながら　　③ かまわず　　④ さりとて

15.　暗いところで話をしていると、どこから__________冷たい風が吹いてきた。
　　① ともなく　　② ほどなく　　③ にもなく　　④ でもなく

16.　彼女は会社勤めの__________、家の仕事も手伝っているという。
　　① 反面　　② 一方　　③ かぎり　　④ かたわら

17.　冷蔵庫のドアが__________になっていましたよ。ちゃんと閉めてください。
　　① 開いたばかり　　② 開くところ　　③ 開けっ放し　　④ 開きつつ

18. 娘が嫁に__________からというもの、この家はさびしくなってしまった。

　　① 行く　　　　　② 行って　　　　　③ 行った　　　　　④ 行き

19. __________ところを助けていただき、本当にありがとうございました。

　　① 危ない　　　　② 危なく　　　　　③ 危なくて　　　　④ 危険で

20. 授業中にたばこを吸うなんて、高校生に__________行為だ。

　　① あるべき　　　② あるらしい　　　③ あるまでもない　④ あるまじき

21. 私に話していれば、何とかしてあげた__________。

　　① ことを　　　　② ものを　　　　　③ はずを　　　　　④ べきを

22. 同期入社の仲間が、部下の失敗の責任をとって会社を辞める事になった。同じ管理
　　職として同情を__________。

　　① 禁じえない　　② 禁じている　　　③ 禁じさせる　　　④ 禁じません

23. 今月末を__________、この店は閉店されます。

　　① よって　　　　② とって　　　　　③ もって　　　　　④ はって

24. 不真面目だった彼が、2年生になるとまるで人が変わった__________、一生懸命勉
　　強をするようになった。

　　① はずがないのに　② 通り　　　　　③ かのように　　　④ ものなので

25. 幸せなあなたに、今の私の気持ちなんて__________。

　　① わかりっこない　　　　　　　　　② わかるはずだ

　　③ わかりそうなものだ　　　　　　　④ わかるそうだ

26. 私__________がんばりましたが、力不足でした。

　　① なりに　　　　② ながらに　　　　③ ように　　　　　④ 通りに

27. 母親はいなくなったこどもを心配するあまり、__________。
　① 心配していないようだ　　　　② 寝込んでしまった
　③ やっと子どもが帰ってきた　　④ 夜になってしまった

28. ひらがなさえ書けない人が、__________。
　① カタカナも書けるだろう
　② 日本人ではないそうだ
　③ そんな難しい字を書けるはずがない
　④ 漢字を勉強するとよい

29. 管理者の許可 __________ この建物に入ってはいけない。
　① ながらも　　　② ないでは　　　③ ならでは　　　④ なしには

30. あの選手は、今年 __________ 引退するという。
　① 限りに　　　② 限りで　　　③ 限って　　　④ 限ると

31. いったんやると返事をした以上は __________。
　① 途中でやめてしまった　　　　② やめることもあるだろう
　③ つらくてもがんばってみよう　④ やったことがない

32. 子どもの __________ 生意気なことを言うな。
　① ために　　　② ことに　　　③ ように　　　④ くせに

33. 今日の夜から明日の朝に __________、全国的に大雨が降るでしょう。
　① かけて　　　② かかって　　　③ 通して　　　④ 通って

34. 何もあなたが謝る __________ はないよ。
　① よう　　　② そう　　　③ こと　　　④ の

35. 就職するに__________、スーツを2着買った。
　　① おいて　　　　　② 応じて　　　　　③ あって　　　　　④ あたって

36. 坂本さんは女性なのに、いつも__________服装をしている。
　　① 男っぽい　　　　② 男くさい　　　　③ 男らしい　　　　④ 男向きの

37. 発車のベルが__________とたん、今まで我慢してきた涙がこぼれた。
　　① なる　　　　　　② なって　　　　　③ なった　　　　　④ なろう

38. 私の__________限り、山口さんはそんなことを言う人ではありません。
　　① 知っている　　　② 知らない　　　　③ 知った　　　　　④ 知り

39. 黙っていろと言われたが、どうしても一言__________にはいられなかった。
　　① 言うこと　　　　② 言わず　　　　　③ 黙ること　　　　④ 黙らず

40. この小説は作者の体験に__________書かれたものだ。
　　① 基づいて　　　　② 限って　　　　　③ 比べて　　　　　④ 通じて

41. あの人の言葉を信じた__________ひどい目にあった。
　　① だけに　　　　　② ほどに　　　　　③ くらいに　　　　④ ばかりに

42. いくらお金があっても、死んでしまえば__________。
　　① それだけだ　　　② そこからだ　　　③ それまでだ　　　④ そこそこだ

43. 周囲の心配を__________、娘の留学生活は順調にいっているようだ。
　　① 中心に　　　　　② 問わず　　　　　③ かわりに　　　　④ よそに

44. ハンサムな上、やさしいので彼は女性に__________。
　　① 違いない　　　　② 間違えられる　　③ もてる　　　　　④ 関係ない

45. たった1点差で試合に負けたことが＿＿＿＿＿＿ならない。
　　① うらやましくて　　② おそろしくて　　③ おかしくて　　④ くやしくて

46. 旅行先で病気になり、観光＿＿＿＿＿＿ではなくなった。
　　① くらい　　② こそ　　③ どころ　　④ しだい

47. たばこは体に悪いと＿＿＿＿＿＿、なかなかやめることができない。
　　① 知りつつも　　② 知っているから　　③ 知ったばかりか　　④ 知らないものの

48. その知らせを聞いたときの彼の驚きは想像に＿＿＿＿＿＿。
　　① あたらない　　② 絶する　　③ かたくない　　④ 極まりない

49. その新人歌手の歌は聴くに＿＿＿＿＿＿ほど下手だった。
　　① がまんした　　② たえない　　③ 相違ない　　④ ほかならない

50. 一日でも早く犯人を捕まえてほしいと、被害者の家族が涙＿＿＿＿＿＿訴えた。
　　① ばかりに　　② かぎりに　　③ ながらに　　④ よそに

1·2급 관용구 신체부위

※ 次の文の＿＿＿＿＿にはどんな言葉を入れたら良いか、1·2·3·4から最も適当なものを一つ選びなさい。

1. 車にひかれそうになったとき、母親は＿＿＿＿＿をはって子どもを守った。
   ① 目　　　　　② 背中　　　　　③ 体　　　　　④ 腰

2. 都会で育った子どもたちにも＿＿＿＿＿に汗して働く体験が必要だ。
   ① 額　　　　　② 頭　　　　　③ 首　　　　　④ 胸

3. 試合の相手はとても強く、まったく＿＿＿＿＿が立たなかった。
   ① 手　　　　　② 顔　　　　　③ 歯　　　　　④ 足

4. あの人は一見優しそうだが、実は＿＿＿＿＿黒いので気をつけたほうがいい。
   ① 胸　　　　　② 腹　　　　　③ 心　　　　　④ 肌

5. 彼の勝手な行動には、グループのみんなが＿＿＿＿＿を焼いている。
   ① 目　　　　　② 手　　　　　③ 胸　　　　　④ 頬

6. あの人はどんなに地位が高くなっても＿＿＿＿＿が低いのでみんなに好かれる。
   ① 頭　　　　　② 尻　　　　　③ 腰　　　　　④ 肩

7. 入学式で騒いでいたので、早速先生に＿＿＿＿＿をつけられてしまった。
   ① 顔　　　　　② 耳　　　　　③ 目　　　　　④ まゆ

8. 息子が有名大学に合格したので＿＿＿＿＿が高い。
   ① 鼻　　　　　② 口　　　　　③ 背　　　　　④ 髪

9.　この店は＿＿＿＿＿＿の良い料理人がいるので、何を食べてもおいしい。

　　① 手　　　　　　　② 腕　　　　　　　③ 肩　　　　　　　④ 指

10.　昔はずいぶん悪い事をしていたというが、今ではすっかり＿＿＿＿＿＿を洗ってまじめな暮らしをしている。

　　① 手　　　　　　　② 腹　　　　　　　③ 頭　　　　　　　④ 足

1·2급 접속표현

※ 次の文の下線部にはどんな言葉を入れたら良いですか、1·2·3·4から最も適当なものを一つ
選びなさい。

1. 英語は3ヶ月くらいしか勉強していないというが、__________上手だ。
   ① そうしたら　　　② それというのも　③ それにしては　④ それにしても

2. 背が伸びたとは聞いていた__________、まさかこれほど大きくなったとは思わなかった。
   ① もので　　　　　② ものの　　　　　③ からには　　　④ からは

3. 私は行きたいです。__________、父が許してくれるかどうかはわかりません。
   ① ですから　　　　② しかも　　　　　③ それに　　　　④ ただ

4. 頭痛がする。__________、熱も出てきたようだ。
   ① それとも　　　　② そのまま　　　　③ そのうえ　　　④ そのくせ

5. 雨が降りました。__________、運動会は中止になりました。
   ① それで　　　　　② それにしては　　③ それでも　　　④ それでは

6. 大会に出場する__________、優勝を目指したい。
   ① からには　　　　② からすれば　　　③ からといっても　④ からして

7. この案にはみんなが反対しています。__________、あなたは実行するつもりですか。
   ① それでは　　　　② それでも　　　　③ それだから　　④ それから

8. さっきから「時間がない」とか「難しい」とか言っているけど、__________やりたくないん
   でしょう。
   ① すなわち　　　　② それで　　　　　③ 要するに　　　④ たとえば

9.　確かに彼はおとなしい。__________、自分の考えがないわけではない。

　① だから　　　　　② だからといって　　③ それに　　　　　④ それでは

10.　受付時間は毎日9時から5時までです。__________、日曜·祝日はお休みです。

　① かつ　　　　　② さらに　　　　　③ さて　　　　　④ なお

한자부문

2급 한자어 핵심노트

2급한자어핵심노트 ▷는 괄호 안의 표현 중 적당한 표현을 고르는 문제입니다.

01. ▷ 息子も高校2年生、そろそろ将来の（進路・針路）のことを考える時期だ。

아들녀석도 고등학교 2학년, 슬슬 장래의 진로를 생각할 시기이다.

※ 발음은 똑같지만 「針路」는 주로 배가 나아가는 방향을 뜻한다. 정답 進路(しんろ)

02. ▷ その法案は賛成多数で（解決・可決）された。

그 법안은 찬성 다수로 가결되었다.

※ 신문 등에서 자주 쓰이는 표현. 반의어는 「否決」(부결). 解決은 「かいけつ」. 정답 可決(かけつ)

03. ▷ 最近は各地で国際（合流・交流）の行事が行われるようになってきた。

최근에는 각지에서 국제교류행사가 이루어지게 되었다.

※ 「合流」(합류)는 「ごうりゅう」로 읽는다. 도중에서 만나 행동을 함께 하는 것을 말한다. 정답 交流 (こうりゅう)

04. ▷ 新しい日本語の教科書が今日（出発・発売）された。

새로운 일본어 교과서가 오늘 발매되었다.

※ '새로 발매하다' 는 뜻으로 「新製品」(신제품)이란 말보다는 광고 등에서는 「新発売」라는 말을 많이 쓴다. 정답 発売(はつばい)

05. ▷ 彼女は大学を（優勝・優秀）な成績で卒業した。

그녀는 대학을 우수한 성적으로 졸업했다.

※ 「優勝」(우승)는 「ゆうしょう」. 한자와 발음 모두 정확하게 외워두자. 정답 優秀(ゆうしゅう)

06. ▷ 医者の（診断・審判）では、軽いかぜだそうだ。

의사의 진단으로는, 가벼운 감기라고 한다.

※ 「審判」(심판)은 「しんぱん」. 한국어와 발음이 비슷하니까 비교적 문제는 없다. 정답 診断(しんだん)

07. ▷ （公共・工業）料金が値上がりしている。

공공요금이 인상되고 있다.

※「公共料金」(공공요금)은 일반적으로 수도·가스·전기요금 등을 가리킨다. 「工業」(공업)은 「こうぎょう」로 읽는다. 정답 公共(こうきょう)

08. ▷ 父の仕事の関係で、子どもの頃は各地を(点々・転々)とした。

아버지 직장 관계로 어릴 때는 각지를 전전했다.

※ 발음은 둘 다 똑같다. 「点々」은 액체가 조금씩 흘러내리는 상태를 말한다. 「転々する」는 '전전하다', 즉 여기저기 옮겨다니다란 뜻. 정답 転々(てんてん)

09. ▷ ハワイの海辺に夕日が沈む(光景・背景)はとても美しかった。

하와이바닷가에 석양이 가라앉는 광경은 너무 아름다웠다.

※「背景」는 글자 그대로 뒤의 풍경 및 백 그라운드(back ground)란 뜻. 정답 光景(こうけい)

10. ▷ 助けてもらったのにお(例・礼)も言わないなんて…。

도움을 받아놓고선 인사도 하지 않다니….

※「お礼を言う」는 '감사의 말을 하다'. 즉 '고맙다는 인사말을 하다'는 뜻이다. 例を挙げる (예를 들다) 정답 礼(れい)

▷ 다음 한자의 발음을 써보세요.

1. 明日	19. 差し支える	37. 一人
2. 田舎	20. 芝生	38. 二人
3. 笑顔	21. 上手	39. 二日
4. お母さん	22. 白髪	40. 吹雪
5. 伯父/ 叔父	23. 素人	41. 下手
6. お父さん	24. 相僕	42. 部屋
7. 大人	25. 足袋	43. 迷子
8. 伯母/叔母	26. 一日	44. 真赤
9. お巡りさん	27. 梅雨	45. 真青
10. 風邪	28. 凹凸	46. 土産
11. 假名	29. 手伝う	47. 息子
12. 為替	30. 時計	48. 眼鏡
13. 昨日	31. 友達	49. 紅葉
14. 今日	32. 兄さん	50. 木綿
15. 果物	33. 姉さん	51. 八百屋
16. 今朝	34. 博士	52. 浴衣
17. 景色	35. 二十日	53. 行方
18. 今年	36. 二十日	

정답

1. あす/あした	2. いなか	3. えがお	4. おかあさん	5. おじ	6. おとうさん	7. おとな
8. おば	9. おまわりさん	10. かぜ	11. かな	12. かわせ	13. きのう	14. きょう
15. くだもの	16. けさ	17. けしき	18. ことし	19. さしつかえる	20. しばふ	21. じょうず
22. しらが	23. しろうと	24. すもう	25. たび	26. ついたち	27. つゆ	28. でこぼこ
29. てつだう	30. とけい	31. ともだち	32. にいさん	33. ねえさん	34. はかせ	35. はたち
36. はつか	37. ひとり	38. ふたり	39. ふつか	40. ふぶき	41. へた	42. へや
43. まいご	44. まっか	45. まっさお	46. みやげ	47. むすこ	48. めがね	49. もみじ
50. もめん	51. やおや	52. ゆかた	53 ゆくえ			

1급 한자어 핵심노트

1급한자어핵심노트 ▷괄호 안의 표현 중 적당한 표현을 고르는 문제입니다.

01. ▷ 私には、必ず夢は実現できるという(確信・革新)があった。

나에게는 반드시 꿈을 이룰 수 있다는 확신이 있었다.

※ 발음은 둘 다 「かくしん」. 문맥에 맞는 단어를 골라야 한다. 정답 確信

02. ▷ あの銀行に(預金・料金)口座を持っています。

그 은행에 예금계좌를 가지고 있습니다.

※ 預金은 「よきん」. 「料金」(요금)은 「りょうきん」. 정답 預金

03. ▷ 双子なので顔は良く似ているが、性格は(対照・対象)的だ。

쌍둥이라서 얼굴은 꼭 닮았지만, 성격은 대조적이다.

※ 동음이의어. 발음은 「たいしょう」. 정답 対照

04. ▷ お金が全部集まったので、(収支・集計)してみなければ。

돈이 전부 모였으니, 집계해봐야지.

※ 収支는 '수지'(수입과 지출). 貿易収支(무역수지)는 「ぼうえきしゅうし」. 정답 集計

05. ▷ サッカーはボールを(殴って・蹴って)競うスポーツだ。

축구는 공을 차서 다투는 스포츠다.

※ 「サッカー」와 관련된 동작. 「蹴る」는 '차다', 「投げる」는 '던지다'. 정답 蹴って

06. ▷ 彼女があなたを好きなことに気付かないなんて、ずいぶん(鈍い・鋭い)人ですね。

그녀가 당신을 좋아하는 것을 눈치채지 못하다니, 엄청 둔한 사람이군요.

※ 같은 뜻인 「鈍感」(둔감)도 자주 쓰인다. 「鋭い」는 '날카롭다'. 정답 鈍い

07. ▷ 私は小型飛行機の(運転・操縦)免許を持っています。

나는 소형 비행기 조종 면허를 가지고 있다.

※ 앞에 나오는 단어가 비행기이므로 '운전'이 아니라 '조종'으로 써야 한다. 정답 操縦

08. ▷ 日本人は（勤勉・勉強）な国民だと思っている外国人が多い。

일본인은 근면한 국민이라고 생각하는 외국인이 많다.

※ 「勉強」(공부) 가 오면 문맥에 맞지 않다. 열심히 공부하는 사람을 일컬어 「勉強家」라고 부른다.
정답 勤勉

09. ▷ 彼の常識のなさには（並行・閉口）した。

그의 몰상식함에는 말이 안 나온다.

※ 「閉口する」는 '입을 다물다' 즉 '기가 막혀서 말이 안 나온다' 는 뜻이다. 정답 閉口

10. ▷ 私の祖母は、92歳のとき、（老人・老衰）で亡くなった。

우리 할머니는 92살 때, 노환으로 돌아가셨다.

※ 「老衰」는 '노환'. 「老人」(노인)으로는 문맥에 맞지 않다. 정답 老衰

주의해야 할 동음이의어

○省(こころ)みる … 반성하다. ※反省 반성
○顧(こころ)みる … 회고하다. 돌이켜보다. ※懐古 회고
●異常(いじょう) … 이상. ※異常気象 이상기후
●以上(いじょう) … 이상. ※500人以上 500명이상
○痛(いた)む … 육체적, 정신적으로 아프다. ※信じていた人に裏切られ、心が痛む。 믿었던 사람에게 배신당해 마음이 아프다
○傷(いた)む … 식품, 물건이 파손되다(상하다).
　※ 2、3日前買った物がすでに傷んでいる。 2,3일 전에 산 물건이 이미 상해 있다.
●乾(かわ)く … 마르다. 건조하다(공기, 빨래). ※乾燥 건조
　※ 天気がいいので洗濯物がすぐ乾く。 날씨가 좋아 빨래가 금방 마른다.
●渇(かわ)く … 마르다. 갈증나다(목). ※渇望 갈망
　※ ここまで走ってきたので、のどが渇いた。 여기까지 뛰어왔더니 목이 마르다.
○観賞(かんしょう) … 관상. (자연이나 풀, 꽃)
○鑑賞(かんしょう) … 감상. (예술작품이나 음악) ※音楽鑑賞 음악감상
○感傷(かんしょう) … 감상. ※感傷的 감상적(센티멘탈)
●回答(かいとう) … 회답. ※アンケートに回答する 앙케이트에 회답하다.
●解答(かいとう) … 해답. ※模範解答 모범해답
○開放(かいほう) … 개방. ※夏休みに入るとプールが開放される。 여름방학이 되면 풀장이 개방된다.
○解放(かいほう) … 해방. ※長く苦しい植民地時代から解放される。 길고 힘든 식민지 시대로부터 해방되다.
●移動(いどう) … 이동. ※平行移動 평행이동.
●異動(いどう) … 이동. 조직내에서 지위 등이 바뀜.※人事異動 인사이동

유형별 한자문제 304

 같은 부분이 있는 한자

1. 18歳未満は親の<u>どうい</u>が必要である。
   ① 胴意　　　　② 洞意　　　　③ 同意

2. 卒業旅行の行き先はまだ<u>みてい</u>である。
   ① 未定　　　　② 味定　　　　③ 末定

3. 今回の地震による<u>ぎせい</u>者は数百人にのぼると言われている。
   ① 犠姓　　　　② 犠生　　　　③ 犠牲

4. 未だに<u>ふんそう</u>の絶えない国々がたくさん残っている。
   ① 粉争　　　　② 分争　　　　③ 紛争

5. 私の姉は大学で国文学を<u>せんこう</u>している。
   ① 専功　　　　② 専攻　　　　③ 専項

6. このカーテンの柄は<u>きかがく</u>模様だ。
   ① 幾何学　　　　② 幾可学　　　　③ 幾河学

7. いつも<u>かんじん</u>な所で何かを見落とす。
   ① 肝心　　　　② 刊心　　　　③ 汗心

8. 中間考査の<u>けっか</u>が出た。
   ① 結課　　　　② 結果　　　　③ 結菓

9. 今日の授業は細胞<u>ぶんれつ</u>について学習する。

① 分烈　　　　② 分列　　　　③ 分裂

10. <u>ねんれい</u>を偽ってデビューする芸能人も少なくはない。

① 年齢　　　　② 年冷　　　　③ 年鈴

11. 結婚<u>ひろうえん</u>が午後2時から開かれる。

① 疲露宴　　　　② 披露宴　　　　③ 被露宴

12. 私は<u>すいえい</u>部に所属している。

① 水詠　　　　② 水永　　　　③ 水泳

13. 引っ越しをしたら、役所に<u>てんきょ</u>届けを出さなければならない。

① 軽居　　　　② 転居　　　　③ 輪居

14. 養殖された<u>しんじゅ</u>は天然物よりずっと安く手に入る。

① 真朱　　　　② 真殊　　　　③ 真珠

15. 生活に苦しんでいる人々のために<u>きふきん</u>を集める。

① 奇付金　　　　② 騎付金　　　　③ 寄付金

16. 彼は<u>しょうがくきん</u>をもらいながら大学に通っている。

① 奨学金　　　　② 将学金　　　　③ 醬学金

17. 両親にお付き合いをしている人を<u>しょうかい</u>する。

① 招介　　　　② 紹介　　　　③ 召介

18. 交通事故<u>ぼうし</u>運動が今日から始まった。

① 妨止　　　　② 紡止　　　　③ 防止

19. 車の<u>はいき</u>ガスが大気汚染の原因の一つである。
　　① 俳気　　　　　　　② 排気　　　　　　　③ 配気

20. グローバル化に伴い、各地で<u>こくさい</u>交流が盛んに行われ始めた。
　　① 国際　　　　　　　② 国祭　　　　　　　③ 国財

21. 一日でいいから<u>ぜいたく</u>な生活をしてみたい。
　　① 贅択　　　　　　　② 贅拓　　　　　　　③ 贅沢

22. 彼はどんな事が起ころうとも<u>れいせい</u>に対処する。
　　① 冷静　　　　　　　② 冷精　　　　　　　③ 冷請

23. <u>きけん</u>を冒してまでやる必要はない。
　　① 危検　　　　　　　② 危険　　　　　　　③ 危験

24. 彼は近所でも評判の<u>けんやく</u>家だ。
　　① 倹約　　　　　　　② 剣約　　　　　　　③ 検約

25. 未成年者の<u>まやく</u>乱用が問題となっている。
　　① 魔薬　　　　　　　② 魔約　　　　　　　③ 麻薬

26. 貿易<u>まさつ</u>問題が深刻化している。
　　① 摩擦　　　　　　　② 魔擦　　　　　　　③ 麻擦

27. 世界56ヶ国首脳<u>かいぎ</u>が日本で行なわれることになった。
　　① 会犠　　　　　　　② 会儀　　　　　　　③ 会議

28. 一週間に一度、病院に通って<u>ちりょう</u>を受けている。
　　① 治寮　　　　　　　② 治療　　　　　　　③ 治僚

29. ここ数年の<u>ゆしゅつ</u>超過により外国との関係に摩擦が生じ始めた。

① 輸出　　　　② 愉出　　　　③ 諭出

30. <u>へんしょく</u>は健康によくない。

① 編食　　　　② 偏食　　　　③ 遍食

31. 旅行先で<u>ぐうぜん</u>昔の同級生と会った。

① 隅然　　　　② 遇然　　　　③ 偶然

32. 念願だったマイホームを<u>こうにゅう</u>した。

① 購入　　　　② 構入　　　　③ 講入

33. 今回の中間考査の<u>せいせき</u>はあまり良くなかった。

① 成積　　　　② 成績　　　　③ 成債

34. 自分の苦手教科を<u>てってい</u>して克服する。

① 徹底　　　　② 徹抵　　　　③ 徹低

35. <u>かんこう</u>名所には多くの外国人が訪れる。

① 歓光　　　　② 勧光　　　　③ 観光

36. 最も恐れていた弱点を<u>してき</u>された。

① 指摘　　　　② 指滴　　　　③ 指敵

37. 芝居が下手な人を<u>だいこん</u>役者という。

① 大恨　　　　② 大根　　　　③ 大墾

38. 双方が<u>じょうほ</u>して、良い解決策を出した。

① 嬢歩　　　　② 醸歩　　　　③ 譲歩

39. 今回の拉致事件は、<u>そしき</u>的な犯罪であると見なされた。
　　① 組識　　　　　　② 組織　　　　　　③ 阻織

40. 彼の描いた絵はすべて<u>しきさい</u>がきれいである。
　　① 色彩　　　　　　② 色採　　　　　　③ 色菜

41. 今まで学んだ事を<u>じっせん</u>に移してみよう。
　　① 実銭　　　　　　② 実浅　　　　　　③ 実践

42. 彼は人一倍<u>おくびょう</u>者である。
　　① 億病　　　　　　② 臆病　　　　　　③ 憶病

43. サッカーの<u>かいまく</u>戦が日本で行なわれた。
　　① 開幕　　　　　　② 開募　　　　　　③ 開暮

44. 放火事件の容疑者が先日<u>たいほ</u>された。
　　① 逮捕　　　　　　② 逮補　　　　　　③ 逮甫

45. お尻を触られたと、電車の中で痴漢<u>そうどう</u>が起きた。
　　① 駄動　　　　　　② 駐動　　　　　　③ 騒動

46. 子供がケガをしたという知らせに、母親は<u>おどろき</u>を隠せないでいる。
　　① 警き　　　　　　② 驚き　　　　　　③ 敬き

47. 毎朝<u>しんぶん</u>を読む習慣をつけると良い。
　　① 新開　　　　　　② 新問　　　　　　③ 新聞

48. <u>かんけい</u>ない他人事には口を出さない方がいい。
　　① 関係　　　　　　② 閑係　　　　　　③ 閉係

49. <u>かみなり</u>大雨注意報が出された。

① 霧　　　　　② 雷　　　　　③ 曇

50. 国旗<u>けいよう</u>と同時に国歌が流された。

① 掲陽　　　　② 掲湯　　　　③ 掲揚

51. 事業を起こすための<u>しきん</u>集めをする。

① 貸金　　　　② 資金　　　　③ 貨金

52. <u>わいろ</u>を受け取ったとして、ある大物政治家が逮捕された。

① 賄賂　　　　② 贈賂　　　　③ 賦賂

53. ピカソの絵が高値で<u>ばいばい</u>された。

① 貸売　　　　② 売買　　　　③ 販売

54. 中華街は異国<u>じょうちょ</u>を味わえる町の一つだ。

① 情諸　　　　② 情著　　　　③ 情緒

55. <u>がいとう</u>する項目にチェックをして下さい。

① 該当　　　　② 核当　　　　③ 刻当

56. 次の大会まで<u>ひみつ</u>特訓をする事にした。

① 秘密　　　　② 秘密　　　　③ 必密

57. 午後4時に目的地へ<u>とうちゃく</u>する見込みだ。

① 致着　　　　② 到着　　　　③ 倒着

58. 彼の授業<u>たいど</u>は目にあまる。

① 熊度　　　　② 能度　　　　③ 態度

59. 真夜中の夫婦喧嘩は近所<u>めいわく</u>だ。

① 迷域 　　　　② 迷惑 　　　　③ 迷或

60. 10代·20代の女性は、流行に<u>びんかん</u>である。

① 侮感 　　　　② 敏感 　　　　③ 梅感

61. この不況を乗り切るための対策を<u>ねる</u>必要がある。

① 棟る 　　　　② 錬る 　　　　③ 練る

62. キッチンの隣は<u>よくしつ</u>になっている。

① 浴室 　　　　② 欲室 　　　　③ 俗室

63. この<u>もぎ</u>試験の結果から見ると、第一志望大学の合格は余裕である。

① 漢擬 　　　　② 模擬 　　　　③ 膜擬

64. 近くの工場でガス<u>ばくはつ</u>が起こった。

① 爆発 　　　　② 暴発 　　　　③ 縛発

B 생김새가 비슷한 한자

1. 彼は人一倍こうじょう心が強い人だ。
   ① 伺上　　　　② 同上　　　　③ 向上

2. 6月中は、サッカーのわだいで持ち切りだった。
   ① 話題　　　　② 語題　　　　③ 証題

3. 男どうし腹を割って話をしよう。
   ① 同土　　　　② 同士　　　　③ 洞士

4. 未確認飛行ぶったいの目撃証言が相次いでいる。
   ① 物体　　　　② 物休　　　　③ 物沐

5. この件はあなたしだいで結果が大きく左右します。
   ① 次弟　　　　② 次悌　　　　③ 次第

6. 近年に入って、核かぞく世帯が急増した。
   ① 家族　　　　② 家旅　　　　③ 家施

7. じんざい派遣会社に登録をする。
   ① 人村　　　　② 人林　　　　③ 人材

8. 最後の最後で予想外のこんなんに遭遇した。
   ① 囚難　　　　② 困難　　　　③ 因難

9. 午後1時から4時まではじゆう時間である。
   ① 自由　　　　② 自曲　　　　③ 自申

10. <u>かいさつぐち</u>を出たら左に曲がって下さい。
　　① 改礼口　　　　　② 解礼口　　　　　③ 改札口

11. 自分の<u>みらい</u>について手相を見てもらう。
　　① 末来　　　　　② 夫来　　　　　③ 未来

12. 彼女の家は<u>おんがく</u>一家として有名だ。
　　① 音楽　　　　　② 音薬　　　　　③ 音案

13. 世界中の人々が<u>へいわ</u>を願っている。
　　① 平知　　　　　② 平和　　　　　③ 来和

14. 明日から一週間、<u>どくしょ</u>週間である。
　　① 読書　　　　　② 続書　　　　　③ 売書

15. 田舎に帰るための飛行機の<u>おうふく</u>チケットを購入した。
　　① 往腹　　　　　② 住復　　　　　③ 往復

16. <u>たくみ</u>な話術で、お年寄りに高い品物を売り付ける。
　　① 巧み　　　　　② 朽み　　　　　③ 功み

17. <u>きゃっかんてき</u>に物事を見る。
　　① 容観的　　　　　② 客観的　　　　　③ 客歓的

18. 日本は春・夏・秋・冬の<u>しき</u>を持つ。
　　① 四季　　　　　② 四委　　　　　③ 四秀

19. 学校に通う人は、通学<u>ていきけん</u>を買うと便利だ。
　　① 定期卷　　　　　② 定期券　　　　　③ 定機券

20. 発表会で演奏したバイオリン曲を<u>ろくおん</u>してもらった。

    ① 録音　　　　　　　② 緑音　　　　　　　③ 縁音

21. <u>にほんとう</u>は武士の魂とされていた物である。

    ① 日本力　　　　　　② 日本刀　　　　　　③ 日本刃

22. 一日7時間の<u>すいみん</u>をとることが、長寿の秘訣だという。

    ① 睡眠　　　　　　　② 睡眼　　　　　　　③ 睡瞳

23. 外国の最新<u>ぎじゅつ</u>を導入して、国の発展に全力を注ぐ。

    ① 伎術　　　　　　　② 技術　　　　　　　③ 枝術

24. <u>こいびと</u>同士が仲良く手をつないでデートをしている。

    ① 変人　　　　　　　② 愛人　　　　　　　③ 恋人

25. 北海道には、広大な<u>ぼくじょう</u>が数多く存在する。

    ① 牧場　　　　　　　② 枚場　　　　　　　③ 牧湯

26. 学生時代<u>りんり</u>学を学んだ。

    ① 論理　　　　　　　② 倫理　　　　　　　③ 輪理

27. 交通<u>ひょうしき</u>に従って、正しい運転を心掛けましょう。

    ① 標識　　　　　　　② 標織　　　　　　　③ 標職

28. 言っている事とやっている事が<u>むじゅん</u>している。

    ① 予盾　　　　　　　② 矛順　　　　　　　③ 矛盾

29. 彼はいつも<u>ゆうえつ</u>感に浸っている。

    ① 優越　　　　　　　② 優超　　　　　　　③ 憂越

30. 彼女は近所でも評判の<u>おやこうこう</u>である。

   ① 親考行   ② 親孝行   ③ 親老行

31. 子供は<u>ぎもん</u>をもったら何でも率直に聞いてくる。

   ① 擬問   ② 凝問   ③ 疑問

32. <u>きつえん</u>席以外でのたばこは禁じられている。

   ① 喫煙   ② 契煙   ③ 潔煙

33. 彼は入社して間もなく実力を<u>はっきし</u>始めた。

   ① 発揮   ② 発輝   ③ 溌揮

34. <u>ひごろ</u>の予習・復習が後で自分の力となる。

   ① 日頑   ② 日頃   ③ 日項

35. 世界各国が参加するという盛大な<u>がっしょう</u>大会が日本で開催される。

   ① 合唱   ② 会唱   ③ 合晶

36. <u>ようち</u>園からの迎えのバスがやって来た。

   ① 幻稚   ② 幼誰   ③ 幼稚

37. 選手達を<u>おうえん</u>しようと、たくさんの人々が集まった。

   ① 応援   ② 応暖   ③ 応緩

38. 森林を伐採し、地域を開発する事も悪くはないが、それと同時に<u>へいがい</u>も生じる事を忘れてはいけない。

   ① 幣害   ② 弊害   ③ 閉害

39. <u>へいおん</u>な生活、それが「幸せ」と言えるかもしれない。

① 平穏　　　　　② 平隠　　　　　③ 平温

40. 神を信じる人々の<u>しんこう</u>心は、何よりも深いものがある。

① 信迎　　　　　② 信抑　　　　　③ 信仰

41. <u>よこづな</u>ともなると、他の力士とは違う貫禄がある。

① 横綱　　　　　② 横網　　　　　③ 横鋼

42. それぞれの<u>とくちょう</u>をよくとらえた作品に仕上がった。

① 特徴　　　　　② 特微　　　　　③ 持徴

43. 新製品の<u>せんでん</u>に新人女優が起用されることになった。

① 宜伝　　　　　② 宣伝　　　　　③ 且伝

44. 一昔前まで、数多くの若者が<u>おうべい</u>ファッションを真似る傾向があった。

① 殴米　　　　　② 欧米　　　　　③ 炊米

45. 彼は死ぬまで<u>こどく</u>に生きたと言われている。

① 弧独　　　　　② 孤特　　　　　③ 孤独

46. ここのトイレは細かい所まで<u>はいりょ</u>がなされている。

① 配虎　　　　　② 配慮　　　　　③ 配虜

C 훈독에 강해지자 1

1.　彼が<u>訪れた</u>国は、未だに内戦の絶えない貧しい国だった。
　　① おとずれた　　　　② たずれた

2.　子供を⁽¹⁾<u>抱く</u>彼女の顔は⁽²⁾<u>優しい</u>母親の顔だった。
　　(1) ① いだく　　　　② だく
　　(2) ① やさしい　　　② すぐしい

3.　私は⁽¹⁾<u>新たな</u>人生を彼と一緒に⁽²⁾<u>歩む</u>ことに決めた。
　　(1) ① あらたな　　　② あたらたな
　　(2) ① あるむ　　　　② あゆむ

4.　一時⁽¹⁾<u>危うい</u>状態であったが、⁽²⁾<u>幸い</u>にも一命を取り⁽³⁾<u>止めた</u>。
　　(1) ① あぶうい　　　② あやうい
　　(2) ① さいわい　　　② しあわい
　　(3) ① とめた　　　　② やめた

5.　⁽¹⁾<u>教わった</u>手品を友達に⁽²⁾<u>試して</u>みる事にした。
　　(1) ① おしわった　　② おそわった
　　(2) ① こころして　　② ためして

6.　過去の⁽¹⁾<u>過ち</u>には⁽²⁾<u>触れ</u>たくない。
　　(1) ① あやまち　　　② すち
　　(2) ① ふれたく　　　② さわれたく

7.　南極は一面氷に⁽¹⁾<u>覆われて</u>いて、⁽²⁾<u>凍え</u>死にそうなくらい寒い。
　　(1) ① おおわれて　　② くつがわれて
　　(2) ① こおえ　　　　② こごえ

8.　30歳を^⑴過ぎた為だろうか、結婚に^⑵焦り始めた。

(1) ① あやまぎた　　　　② すぎた

(2) ① あせり　　　　　② こげり

［D］ 훈독에 강해지자 2

1. この柿は<u>しぶい</u>。
   ① 苦い　　　② 甘い　　　③ 渋い

2. 社長が急逝するや否や会社内で<u>みにくい</u>争いが始まった。
   ① 醜い　　　② 憎い　　　③ 尊い

3. この件に関して<u>くわしく</u>事情を聞く必要がある。
   ① 細かく　　　② 詳しく　　　③ 等しく

4. 父は<u>きびしい</u>表情でテレビの前に座っていた。
   ① 厳しい　　　② 寂しい　　　③ 悔しい

5. 民家を求めて、<u>けわしい</u>山道を·き続ける。
   ① 険しい　　　② 厳しい　　　③ 倹しい

6. 家に周りをうろつく<u>あやしい</u>男がいる。
   ① 怪しい　　　② 卑しい　　　③ 悔しい

7. 戦後の日本は<u>いちじるしい</u>高度経済成長を遂げた。
   ① 卑しい　　　② 著しい　　　③ 珍しい

8. 幼少時代の写真を見る度に故郷が<u>なつかしく</u>思い出される。
   ① 親しく　　　② 空しく　　　③ 懐かしく

9. アカデミー賞の授賞式には、たくさんの映画俳優が<u>はなやかな</u>衣装で現れた。
   ① 爽やか　　　② 鮮やか　　　③ 華やか

10. クリスマスが近くなるにつれて、町中が徐々ににぎやかになる。
   ① 穏やか   ② 緩やか   ③ 賑やか

11. 友達を夕食にさそう。
   ① 縫う   ② 誘う   ③ 払う

12. 隣のクラスの女の子と、学年トップの座をきそう。
   ① 競う   ② 争う   ③ 拾う

13. レスキュー隊の任務は人命をすくう事である。
   ① 襲う   ② 救う   ③ 補う

14. 阪神大震災でたくさんの尊い命がうばわれた。
   ① 襲われた   ② 雇われた   ③ 奪われた

15. テロリスト達が大統領暗殺の時期をねらって、機会をじっくりうかがっている。
   ① 狙って   ② 疑って   ③ 漂って

16. 足りない部品を、代用できる物で一時的におぎなう。
   ① 従う   ② 補う   ③ 潤う

17. 大切な友達を一人交通事故でうしなった。
   ① 迷った   ② 失った   ③ 養った

18. 天下を取ろうと、たくさんの武士があらそい続けた。
   ① 争い   ② 競い   ③ 襲い

19. 成功には苦労がともなうものである。
   ① 養う   ② 敬う   ③ 伴う

20. 結婚して幸せな家庭を<u>きずき</u>たい。
  ① 築きたい　　　② 響きたい　　　③ 描きたい

21. 命令に<u>そむく</u>と厳しい罰を受けることになる。
  ① 傾く　　　② 欺く　　　③ 背く

22. もしも核戦争が起こったならば、それは人類を破滅に<u>みちびく</u>だろう。
  ① 描く　　　② 導く　　　③ 敷く

23. 母が一人でぶつぶつと何か<u>つぶやいて</u>いる。
  ① 赴いて　　　② 浮いて　　　③ 呟いて

24. 最後まで諦めず初志を<u>つらぬく</u>。
  ① 貫く　　　② 欺く　　　③ 赴く

25. ご飯はよく<u>かんで</u>食べましょう。
  ① 刻んで　　　② 編んで　　　③ 噛んで

26. 太陽がゆっくり海に<u>しずんで</u>いく。
  ① 沈んで　　　② 拝んで　　　③ 包んで

27. <u>なやみ</u>事がある時は、何でも相談して下さい。
  ① 囲み　　　② 悩み　　　③ 盗み

28. 恩師の言葉を心に<u>きざんで</u>精を出す。
  ① 囲んで　　　② 刻んで　　　③ 恨んで

29. 学業に<u>はげみ</u>、一流大学合格を目指す。
  ① 励み　　　② 挑み　　　③ 恵み

30. 私の母は小さな食堂を<u>いとなん</u>でいる。
　① 拝んで　　　　② 営んで　　　　③ 絡んで

31. 母と一緒に庭の芝を<u>かる</u>ことにした。
　① 断る　　　　② 散る　　　　③ 刈る

32. 期末考査が一週間後に<u>せまり</u>、慌てて試験勉強に取り組む。
　① 迫り　　　　② 巡り　　　　③ 絞り

33. このプリントをみんなに<u>くばる</u>よう、先生から言われた。
　① 募る　　　　② 限る　　　　③ 配る

34. 家賃が数ヵ月分<u>とどこおって</u>いると、大家さんに注意を受けた。
　① 蘇って　　　　② 操って　　　　③ 滞って

35. お話を<u>うけたまわります</u>。
　① 承ります　　　　② 奉ります　　　　③ 司ります

36. 荒れ地を<u>たがやして</u>畑にする。
　① 蒸して　　　　② 耕して　　　　③ 施して

37. タオルを水に<u>ひたして</u>下さい。
　① 促して　　　　② 浸して　　　　③ 示して

38. 小さなギャラリーで展示会を<u>もよおす</u>。
　① 促す　　　　② 施す　　　　③ 催す

39. 両親を説得するのに多くの時間を<u>ついやした</u>。
① 費やした　　　② 志した　　　③ 示した

40. 狸が人間に<u>ばけ</u>ていたずらをする。
① 化けて　　　② 助けて　　　③ 授けて

41. 再来月の選挙に備えて小さな事務所を<u>もうけた</u>。
① 設けた　　　② 授けた　　　③ 届けた

42. 枯れ木が音を立てながら激しく<u>もえる</u>。
① 鍛える　　　② 燃える　　　③ 支える

43. 占い師が呪文を<u>となえ</u>ている。
① 据えて　　　② 吠えて　　　③ 唱えて

44. 子供が生まれる前に育児用品を<u>そろえる</u>。
① 整える　　　② 揃える　　　③ 控える

45. 付き合っていた男を結婚詐欺として<u>うったえた</u>。
① 訴えた　　　② 備えた　　　③ 構えた

46. 患者の余命が残りわずかであることを、主治医が患者の家族に<u>つげた</u>。
① 投げた　　　② 告げた　　　③ 妨げた

47. 子供が父親の仕事を<u>さまたげる</u>。
① 妨げる　　　② 断る　　　③ 葬る

48. 小学校を卒業した日、学校の木の下に宝物を<u>うめた</u>。
① 溜めた　　　② 埋めた　　　③ 責めた

49. 高層ビルの屋上で食事をしながら夜景を<u>ながめた</u>。

① 眺めた　　　　② 慰めた　　　　③ 改めた

50. 太鼓の音に驚いた馬が<u>あばれ</u>始めた。

① 崩れ　　　　② 暴れ　　　　③ 壊れ

51. 両親のいない我が家では、兄が<u>かせいだ</u>お金で生活をしている。

① 脱いだ　　　　② 担いだ　　　　③ 稼いだ

52. 毎日同じ物ばかりを食べていると<u>あきる</u>のも当たり前だ。

① 飽きる　　　　② 尽きる　　　　③ 限る

1. このデパートの3階は<u>ふじん</u>服売り場になっている。
   ① 婦人　　② 夫人　　③ 不尽

2. 私の母は<u>ほけん</u>会社の営業をしている。
   ① 捕険　　② 保険　　③ 保健

3. あのお店はお正月<u>いがい</u>は毎日営業している。
   ① 意外　　② 異外　　③ 以外

4. インドの<u>じんこう</u>は数十年後には世界一になると言われている。
   ① 沈香　　② 人口　　③ 人工

5. 旧ソ連が打ち上げたスプートニク1号が人工<u>えいせい</u>第一号である。
   ① 衛星　　② 永世　　③ 衛生

6. 大火災発生の為、近くの住民が一時<u>ひなん</u>した。
   ① 批難　　② 非難　　③ 避難

7. 最近少しずつ政治に<u>かんしん</u>を持つようになった。
   ① 関心　　② 歓心　　③ 感心

8. 天候<u>ふじゅん</u>の為、ピクニックは来週に延期された。
   ① 不純　　② 不順　　③ 負純

9. 前回のゴルフコンペの優勝<u>しょうひん</u>は国内一周旅行だった。
   ① 小品　　② 商品　　③ 賞品

10. 農業の<u>きかい</u>化によって効率よく作業がすすめられる。

    ① 機会　　　　　　② 機械　　　　　　③ 奇怪

11. キリストが誕生した年が<u>きげん</u>元年とされている。

    ① 期限　　　　　　② 起源　　　　　　③ 紀元

12. この参考書の<u>かいてい</u>版が数日後発売される。

    ① 改定　　　　　　② 開廷　　　　　　③ 改訂

13. 過去を全て<u>せいさん</u>し、また1からやり直すつもりだ。

    ① 清算　　　　　　② 生産　　　　　　③ 精算

14. 良くも悪くも現状は<u>きょうそう</u>社会である。

    ① 競走　　　　　　② 競争　　　　　　③ 協奏

15. 身元を<u>ほしょう</u>できる物をご提示下さい。

    ① 保証　　　　　　② 補償　　　　　　③ 保障

16. 今の社会<u>たいせい</u>をもう一度見直すべきである。

    ① 体勢　　　　　　② 体制　　　　　　③ 態勢

17. 誰からも<u>しじ</u>されずに、自分の意志で行動したい。

    ① 私事　　　　　　② 支持　　　　　　③ 指示

18. 新聞<u>きしゃ</u>になって世界情勢を国民に伝えるというのが彼の夢だ。

    ① 記者　　　　　　② 汽車　　　　　　③ 貴社

19. ある個人の生涯を記録した本を「<u>でんき</u>」という。

    ① 伝奇　　　　　　② 電気　　　　　　③ 伝記

20. 先月末、電車の時刻表が<u>かいせい</u>された。
　　① 快晴　　　　　　② 改正　　　　　　③ 改姓

21. 彼女は<u>こうこう</u>娘として近所で評判の良い子だ。
　　① 後攻　　　　　　② 高校　　　　　　③ 孝行

22. ここ数年、都心よりも<u>こうがい</u>に家を建てる人が多くなりつつある。
　　① 公害　　　　　　② 口外　　　　　　③ 郊外

23. 彼女は弱冠25歳にして<u>せいこう</u>を収め、美容界のトップに君臨した。
　　① 成功　　　　　　② 精巧　　　　　　③ 製鋼

24. 明日会社で人事<u>いどう</u>の発表がある。
　　① 異動　　　　　　② 異同　　　　　　③ 移動

25. 誰かと競い合うことによってはじめて自分を<u>こうじょう</u>させることが出来る。
　　① 工場　　　　　　② 厚情　　　　　　③ 向上

26. <u>りょうしん</u>を持って行動しなければならない。
　　① 両親　　　　　　② 良心　　　　　　③ 猟心

27. <u>じょうきょう</u>してはや20年が経った。
　　① 状況　　　　　　② 情況　　　　　　③ 上京

28. 今度の新入社員はみんな<u>いせい</u>が良い。
　　① 異姓　　　　　　② 異性　　　　　　③ 威勢

29. 試験の合否が学校に<u>けいじ</u>された。
　　① 掲示　　　　　　② 刑事　　　　　　③ 計時

30. この便は釜山けいゆのソウル行きだ。

① 軽油　　　　　　② 経由　　　　　　③ 経油

31. 新作ドレスのひろうパーティーが一流ホテルで開かれる。

① 披露　　　　　　② 疲労　　　　　　③ 否朗

32. この会社の総ふさい額は数十億にも上ると言われている。

① 不才　　　　　　② 夫妻　　　　　　③ 負債

33. 世界平和の第一歩として核へいき製造禁止を訴える。

① 兵器　　　　　　② 平気　　　　　　③ 併記

34. 全国各地で交通事故ぼうしキャンペーンが行われている。

① 某氏　　　　　　② 防止　　　　　　③ 帽子

35. 世界各国のかんよう句を比較してみると、その国の文化がわかる。

① 慣用　　　　　　② 寛容　　　　　　③ 観葉

36. けいたい電話の普及率が、数年前と比べて3倍近くに伸びている。

① 敬体　　　　　　② 形態　　　　　　③ 携帯

37. 母はしんこくな顔つきで手紙を読んでいる。

① 深刻　　　　　　② 申告　　　　　　③ 親告

38. 自分の人生は自分でせんたくするべきだ。

① 洗濯　　　　　　② 選択　　　　　　③ 専択

39. 140年ものでんとうを持つ呉服問屋。

① 伝統　　　　　　② 電灯　　　　　　③ 伝灯

40. あの事件の<u>はいけい</u>には、ある大きな組織が絡んでいる。
    ① 排啓　　　　　② 背景　　　　　③ 背経

41. この事件に関しては万全の<u>ほうさく</u>を立てる必要がある。
    ① 豊作　　　　　② 法作　　　　　③ 方策

42. この道を右に曲がると<u>ゆうりょう</u>道路に入る。
    ① 有料　　　　　② 優良　　　　　③ 遊猟

43. 今のペースを<u>いじ</u>すれば上位入賞も夢ではない。
    ① 意地　　　　　② 維持　　　　　③ 遺児

44. この就職難の中、一つでも多くの<u>しかく</u>を取ることが有利とされる。
    ① 資格　　　　　② 視覚　　　　　③ 四角

45. 憲法記念日は日本国憲法が<u>しこう</u>された事を記念する日である。
    ① 試行　　　　　② 思考　　　　　③ 施行

46. 彼は成功して帰ってくると私は<u>かくしん</u>する。
    ① 核心　　　　　② 革新　　　　　③ 確信

47. 先日起こった殺人事件の容疑者として、ある男が身柄を<u>こうそく</u>された。
    ① 校則　　　　　② 高速　　　　　③ 拘束

48. <u>しゅうし</u>の均衡を図る必要がある。
    ① 収支　　　　　② 終始　　　　　③ 修士

49. 有能な人材を<u>ようせい</u>するための最新システム。
    ① 陽性　　　　　② 要請　　　　　③ 養成

50.　この事件の唯一の目撃者として、<u>しょうにん</u>喚問を受ける。

　　① 商人　　　　　　　　② 証人　　　　　　　　③ 承認

51.　敗戦<u>いこう</u>の日本は平和の道を歩んでいる。

　　① 以降　　　　　　　　② 意向　　　　　　　　③ 移行

52.　薬の<u>こうか</u>が切れ、徐々に痛みが増してくる。

　　① 校歌　　　　　　　　② 効果　　　　　　　　③ 高価

53.　旅行先で交通事故に<u>あい</u>、軽いケガをした。

　　① 合い　　　　　　　　② 会い　　　　　　　　③ 遭い

54.　銀行強盗を取り押さえようとした警察官が銃で<u>うたれた</u>。

　　① 打たれた　　　　　　② 撃たれた　　　　　　③ 討たれた

55.　故郷を離れてから長い歳月が<u>たった</u>。

　　① 断った　　　　　　　② 経った　　　　　　　③ 絶った

56.　私は写真を<u>とる</u>ことが好きなので、いつもカメラを持ち歩いている。

　　① 撮る　　　　　　　　② 採る　　　　　　　　③ 捕る

57.　この川に<u>そって</u>歩いていくと駅に着く。

　　① 添って　　　　　　　② 反って　　　　　　　③ 沿って

58.　大学を卒業して貿易関係の仕事に<u>ついた</u>。

　　① 着いた　　　　　　　② 就いた　　　　　　　③ 突いた

59.　私の応募した作品が雑誌に<u>のった</u>。

　　① 載った　　　　　　　② 乗った　　　　　　　③ 貼った

60. お湯を<u>わかして</u>ポットにいれる。
　　① 湧かして　　　　　　② 沸かして　　　　　　③ 涌かして

61. 食事が<u>すんだ</u>後は母の皿洗いを手伝うのが私の習慣になっている。
　　① 済んだ　　　　　　② 澄んだ　　　　　　③ 住んだ

62. 山登りに行く時は、運動靴を<u>はいて</u>身軽な格好で行くのがよい。
　　① 吐いて　　　　　　② 掃いて　　　　　　③ 履いて

63. 宗教の自由を<u>おかす</u>権利は誰にもない。
　　① 冒す　　　　　　② 侵す　　　　　　③ 犯す

64. 会社に<u>つとめ</u>始めてもう5年になる。
　　① 務め　　　　　　② 努め　　　　　　③ 勤め

65. 成功を<u>おさめる</u>ために失ったものは数えきれない程多い。
　　① 収める　　　　　　② 修める　　　　　　③ 納める

66. 歴史を<u>かえりみる</u>度に平和の重要さを感じさせられる。
　　① 省みる　　　　　　② 顧みる　　　　　　③ 帰りみる

67. 目を<u>はなした</u>ほんのわずかな間に子供がいなくなった。
　　① 話した　　　　　　② 放した　　　　　　③ 離した

68. この辞書は<u>あつくて</u>大きいから持ち歩くのが大変だ。
　　① 暑くて　　　　　　② 厚くて　　　　　　③ 熱くて

F 특수하게 읽는 한자

1. ⁽¹⁾いなかに帰る⁽²⁾したくをする。
   (1) ① 田舎　　　　　② 故郷
   (2) ① 用意　　　　　② 支度

2. 料理·⁽¹⁾そうじなどの家事一般は⁽²⁾にがてな方である。
   (1) ① 清掃　　　　　② 掃除
   (2) ① 下手　　　　　② 苦手

3. ここのやおやの野菜は新鮮なものばかりだ。
   ① 八百屋　　　　　② 八百長

4. 日本人にはほんねと建前があり、他の国の人にとっては理解し難い点である。
   ① 本根　　　　　② 本音

5. ⁽¹⁾じゃり道を⁽²⁾はだしで歩く元気な子供達。
   (1) ① 破利　　　　　② 砂利
   (2) ① 裸足　　　　　② 素足

6. 2日前ゆくえ不明になった子供が無事に保護された。
   ① 行先　　　　　② 行方

7. 忍耐力を養うための厳しいしゅぎょう。
   ① 修行　　　　　② 主行

8. 数日前すいとう係に任命された。
   ① 水納　　　　　② 出納

9.　日本の伝統音楽に用いる三弦楽器の一つが<u>しゃみせん</u>である。

　　① 三美線　　　　　　　② 三味線

10.　そんなに考えすぎるのも<u>よしあし</u>だ、気楽に行こう。

　　① 善し悪し　　　　　　② 良し善し

11.　経験の⁽¹⁾<u>うむ</u>は問わず、⁽²⁾<u>しろうと</u>も歓迎する。

　　(1) ① 在無　　　　　　② 有無

　　(2) ① 素人　　　　　　② 玄人

12.　⁽¹⁾<u>ゆいしょ</u>ある家の⁽²⁾<u>ふろしき</u>に、大きな家紋が入っているのを見た。

　　(1) ① 由緒　　　　　　② 結緒

　　(2) ① 風呂敷　　　　　② 風敷

13.　⁽¹⁾<u>ごぶさた</u>していた恩師のお宅を久しぶりに訪ねたら、⁽²⁾<u>るす</u>だった。

　　(1) ① 御無沙汰　　　　② 御舞沙汰

　　(2) ① 溜守　　　　　　② 留守

14.　<u>すもう</u>界は特に上下関係が厳しいと言われる。

　　① 相僕　　　　　　　② 相撲

15.　母は私の顔を見るや否や<u>ほほえんだ</u>。

　　① 微笑んだ　　　　　② 徴笑んだ

16.　あの店の店員はいつも<u>えがお</u>で応対してくれる。

　　① 笑顔　　　　　　　② 微笑

G 숙어 하나만 외우면 되는 한자

1. どの国に行っても一番の基本はあいさつである。
   ① 挨拶　　　　　② 合俗　　　　　③ 挨札

2. 幼少時代はよく姉とけんかして、母親に叱られたものだ。
   ① 喧華　　　　　② 喧嘩　　　　　③ 宣嘩

3. 最近何もかもが思い通りに行かず、ゆううつな気分になる事が多い。
   ① 憂鬱　　　　　② 夕鬱　　　　　③ 優鬱

4. 彼はじょうだんがとても上手く、いつもみんなを笑わせる。
   ① 笑話　　　　　② 冗話　　　　　③ 冗談

5. 大型台風の為各地でこうずいが起こり、住民達が避難している状態である。
   ① 洪水　　　　　② 溢水　　　　　③ 噴水

6. このいすはわざわざ私のために父が作ってくれた物である。
   ① 居子　　　　　② 座子　　　　　③ 椅子

7. 最近女子大生を狙ったゆうかい事件が多発している。
   ① 誘拐　　　　　② 監禁　　　　　③ 拉致

8. 日本人の朝食といえばご飯とみそ汁というのが一般的だ。
   ① 味憎　　　　　② 味噌　　　　　③ 味僧

1. 外国語を習得することは<u>容易</u>な事ではない。
   ① ようい　　　　　② ようえき

2. 先月発生した強盗事件と今回の事件の犯人は<u>同一</u>人物と思われる。
   ① どういつ　　　　② どういち

3. この先の角を<u>右折</u>すると大きな公園が見える。
   ① ゆうせつ　　　　② うせつ

4. 彼は40歳を越えているが未だに<u>現役</u>として活躍している。
   ① げんやく　　　　② げんえき

5. <u>嫌悪</u>の情を起こさせるような発言だ。
   ① けんお　　　　　② けんあく

6. このビルの<u>屋上</u>には展望台とレストランがある。
   ① やじょう　　　　② おくじょう

7. <u>年末行事</u>として若者が楽しみにするものの一つがクリスマスである。
   ① こうじ　　　　　② ぎょうじ

8. 彼はまるで実際にUFOを見たかのような<u>口調</u>で話す。
   ① こうちょう　　　② くちょう

9. 何か特別な<u>工夫</u>をしない限り、売り上げは伸びないだろう。
   ① くふう　　　　　② こうふう

10. <u>解熱</u>剤を飲んでゆっくり休めば、明朝には熱も下がるだろう。
　　① げねつ　　　　　　② かいねつ

11. 私の夫は総合病院の<u>外科</u>医である。
　　① がいか　　　　　　② げか

12. <u>下剤</u>を飲みすぎるとかえって腸に負担がかかる。
　　① げざい　　　　　　② かざい

13. <u>競馬</u>で大当たりして一瞬にして大金を手に入れた。
　　① けいば　　　　　　② きょうば

14. 来週土曜日は小学校の<u>父兄</u>参観日である。
　　① ふきょう　　　　　② ふけい

15. 彼女は<u>世間</u>で言う「箱入り娘」である。
　　① せけん　　　　　　② せかん

16. 彼の<u>強引</u>なアプローチに負けてデートの約束をした。
　　① ごういん　　　　　② きょういん

17. 機械の<u>操作</u>は何回習っても忘れてしまう。
　　① そうさく　　　　　② そうさ

18. 他人事には<u>一切</u>口出しをしない方が良い。
　　① いっさい　　　　　② いっせつ

19. お互いの債務を<u>相殺</u>する。
　　① そうさつ　　　　　② そうさい

20. 正直に物を言うことも大切だが、正直すぎるのも善し悪しである。
    ① しょうじき　　　　　② しょうちょく

21. 生活苦のあまり、母の形見である着物までも質屋に入れてしまった。
    ① しちや　　　　　　② しつや

22. 首相の座を狙っている政治家も少なくはない。
    ① しゅそう　　　　　② しゅしょう

23. 人は第一印象に大きく影響されると言われる。
    ① いんしょう　　　　② いんぞう

24. 派手な衣装を身にまとった芸能人達が次々に登場した。
    ① いそう　　　　　　② いしょう

25. 定規を使ってあらゆる物の長さを比べる。
    ① ていぎ　　　　　　② じょうぎ

26. 彼女の素直な心は全ての人を魅了する。
    ① そなお　　　　　　② すなお

27. 頭痛がひどくて3日間寝込んでしまった。
    ① ずつう　　　　　　② とうつう

28. 補導された若者に反省の色は見られない。
    ① はんしょう　　　　② はんせい

29. 雑木林の木は伐採され、まきとして使われる。
    ① ぞうき　　　　　　② ざっき

30. 教師が学生達を<u>引率</u>して工場見学に行く。
① いんりつ　　　　② いんそつ

31. プロの板前の<u>包丁</u>さばきは見事なものである。
① ほうちょう　　　　② ほうてい

32. 他人の意見も<u>尊重</u>しなければならない。
① そんじゅう　　　　② そんちょう

33. 内容は悪くないので、<u>体裁</u>を整えてもう一度出しなさい。
① ていさい　　　　② たいさい

34. 彼の<u>意図</u>がどこにあるのか見当もつかない。
① いず　　　　② いと

35. <u>句読点</u>は、句点(。)と読点(、)に分けられる。
① くどくてん　　　　② くとうてん

36. この<u>布団</u>はふかふかして肌触りが良い。
① ふとん　　　　② ふだん

37. この件に関しては<u>納得</u>いくまで説明して頂きたい。
① のうとく　　　　② なっとく

38. 子供が発熱したため、<u>小児科</u>に駆け込んだ。
① しょうにか　　　　② しょうじか

39. この動物は、<u>天然</u>記念物に指定されている。
① てんぜん　　　　② てんねん

40. 凡例とは本の編集方針や読み方、使い方などを書き記したものである。
    ① ぼんれい　　　　　② はんれい

41. 男女平等とは言われているが、現実はまだまだである。
    ① びょうどう　　　　② へいとう

42. 郵便ポストの中に田舎にいる母からの手紙が入っていた。
    ① ゆうべん　　　　　② ゆうびん

43. 新米教師は最初は生徒からからかわれたりもする。
    ① しんまい　　　　　② しんべい

44. 明治維新以降、国民一人一人が名字を持つことを許された。
    ① みょうじ　　　　　② めいじ

45. 明日のお昼頃伺います。
    ① みょうにち　　　　② めいにち

46. 彼は、昼は会社員、夜は学生として夜間学校に通う。
    ① よかん　　　　　　② やかん

47. 人名には必ずそれぞれの由来という物がある。
    ① ゆうらい　　　　　② ゆらい

48. 私は数学の点数だけが極端に低い。
    ① こくたん　　　　　② きょくたん

49. 外国からの研修生を受け入れる。
    ① れんしゅう　　　　② けんしゅう

50.　この国は<u>貧富</u>の差が激しい。

　　① ひんぷ　　　　　　② ひんふう

この国は<u>貧富</u>の差が激しい。

2급 한자읽기 문제

※ 次の文の下線をつけた言葉は、どのように読みますか。その読み方をそれぞれの1·2·3·4の中から選びなさい。

1.　彼女は<u>姿勢</u>も良く、服装も<u>洗練</u>されていて、みんなの憧れの<u>的</u>だ。

(1)　姿勢　　① しせい　　② しせ　　③ しいせい　　④ させい

(2)　洗練　　① せいれん　　② せれん　　③ せんれん　　④ せんねん

(3)　的　　① まと　　② てき　　③ せき　　④ ちょく

2.　新しい<u>業務</u>の<u>研修</u>を受けて、<u>報告</u>のレポートを<u>提出</u>した。

(1)　業務　　① ぎょうむ　　② おうむ　　③ にんむ　　④ きょうむ

(2)　研修　　① れんしゅう　　② れんしゅ　　③ けんしゅう　　④ けんしゅ

(3)　報告　　① ほこく　　② ほうこ　　③ ほうこう　　④ ほうこく

(4)　提出　　① てっしゅつ　　② ていしゅう　　③ ていしゅつ　　④ ていしつ

3.　<u>気丈</u>な父だったが、<u>大病</u>をしてから<u>弱音</u>を吐くようになった。

(1)　気丈　　① きじょう　　② きしょう　　③ きまま　　④ きさく

(2)　大病　　① たいびょう　　② だいびょう　　③ おおびょう　　④ おびょう

(3)　弱音　　① よわおと　　② よわね　　③ よわき　　④ よわおん

4.　児童<u>虐待</u>が、<u>深刻</u>な問題となっているが、次代を<u>荷う</u>子どもたちの将来は社会全体で守らなくてはいけない。

(1)　虐待　　① あくたい　　② ひゃくたい　　③ ぎゃくたい　　④ せったい

(2)　深刻　　① しんかく　　② しんがく　　③ しんきょく　　④ しんこく

(3)　荷う　　① せおう　　② かこう　　③ になう　　④ ともなう

5.　穏やかな水面に小舟が漂っていた。

(1)　穏やか　　① おだやか　　② あでやか　　③ のびやか　　④ なごやか
(2)　水面　　　① みずめん　　② みなも　　　③ みずも　　　④ すいも
(3)　漂って　　① さえぎって　② しめって　　③ おどって　　④ ただよって

6.　他人の言葉に惑わされず、自分の意志を貫いて、悔いのない人生を送りたい。

(1)　惑わされず① くるわされず② こわされず　③ まどわされず　④ まよわされず
(2)　貫いて　　① ついて　　　② とおしぬいて　③ つらぬいて　　④ こずいて
(3)　悔い　　　① うれい　　　② こい　　　　　③ かい　　　　　④ くい

7.　年俸を上げてほしいという訴えを、社長は快く受け入れてくれた。

(1)　年俸　　　① れんぽう　　② ねんほう　　③ ねんぽう　　④ ねんぼう
(2)　訴え　　　① うったえ　　② うたえ　　　③ こたえ　　　④ もだえ
(3)　快く　　　① いさぎよく　② こころよく　③ しばらく　　④ よろしく

8.　何度も試みたが、計画を遂げる事のないまま、博士は急逝した。

(1)　試みた　　① かえりみた　② こころみた　③ ためしみた　④ かんがみた
(2)　遂げる　　① なげる　　　② つげる　　　③ とげる　　　④ あげる
(3)　急逝　　　① きゅうきょ　② きゅうさい　③ きゅうせつ　④ きゅうせい

9.　その素材は、問屋街に行けば、卸し売り価格で買うことができる。

(1)　素材　　　① そせい　　　② そざい　　　③ そうざい　　④ すざい
(2)　問屋　　　① とうや　　　② もんや　　　③ とんや　　　④ といや
(3)　卸し売り① じかうり　　　② たたきうり　③ たなうり　　④ おろしうり

10.　故郷で小さな店を営んでいる両親は、町の催しには積極的に参加する。

(1)　故郷　　　① いなか　　　② こうきょ　　③ こきょう　　④ こうきょう

(2)　営んで　　① いさんで　　② よろこんで　　③ いとなんで　　④ ほころんで

(3)　催し　　① おこし　　② さいし　　③ ほどこし　　④ もよおし

11.　年を取ってからパソコンの操作を学ぶ人が増えている。

(1)　操作　　① そうさ　　② そうさく　　③ ちょうさ　　④ ちょうさく

(2)　学ぶ　　① あそぶ　　② がくぶ　　③ まなぶ　　④ ならぶ

(3)　増えて　　① たえて　　② ふえて　　③ まえて　　④ うえて

12.　友人と会社を作ることにした。費用は折半にして、借金をしないでやってみようと思う。

(1)　費用　　① ひよう　　② ひりょう　　③ ひいよう　　④ りよう

(2)　折半　　① はんはん　　② おりはん　　③ せつはん　　④ せっぱん

(3)　借金　　① ちょきん　　② しょうきん　　③ しゃっきん　　④ せっきん

13.　留学していた知人が、博士号を取得して帰国するらしい。

(1)　留学　　① ゆうがく　　② きゅうがく　　③ にゅうがく　　④ りゅうがく

(2)　知人　　① しじん　　② ちじん　　③ ゆうじん　　④ きじん

(3)　取得　　① しょとく　　② しゅとく　　③ しょうとく　　④ しゅうとく

14.　犯人は、二階の窓を破って 侵入したらしい。

(1)　犯人　　① はにん　　② はんいん　　③ ほんにん　　④ はんにん

(2)　破って　　① わって　　② うって　　③ やぶって　　④ ゆすって

(3)　侵入　　① しゅうにゅう　　② どうにゅう　　③ ちんにゅう　　④ しんにゅう

15.　週末を除けば、この百貨店はそれほど混雑しない。

(1)　週末　　① しゅまつ　　② しゅうまつ　　③ ちゅまつ　　④ ちゅうまつ

(2)　除けば　　① つづけば　　② どけば　　③ のぞけば　　④ はぶけば

(3)　百貨店　　① ひゃかてん　　② ひゃくかてん　　③ ひゃくてん　　④ ひゃっかてん

16. 私は<u>養子</u>だったが、両親は他の兄弟と同じように<u>愛情</u>を<u>注いで</u>くれた。

(1) 養子 　① ようし 　② ようこ 　③ ようじ 　④ ようご
(2) 愛情 　① あいしょう 　② あいじょう 　③ あいしょ 　④ あいじょ
(3) 注いで 　① といで 　② ついで 　③ そそいで 　④ よそいで

17. 手作業だった<u>処理</u>を電算化すれば、<u>集計</u>は<u>容易</u>になる。

(1) 処理 　① しより 　② しょうり 　③ そり 　④ そうり
(2) 集計 　① しゅけい 　② しゅうけい 　③ しょけい 　④ しょうけい
(3) 容易 　① よえき 　② ようえき 　③ ようい 　④ ようき

18. 休日<u>出勤</u>し、<u>翌日</u>が休みになったので、気になっていた<u>展覧会</u>を見に行った。

(1) 出勤 　① しゅきん 　② しゅうきん 　③ しゅっきん 　④ しゅつきん
(2) 翌日 　① よくひ 　② よくび 　③ よくにち 　④ よくじつ
(3) 展覧会 　① てんらんかい 　② てらんかい 　③ てんなんかい 　④ ていなんかい

19. あまりに<u>極端</u>な意見なので、<u>直ちに</u> <u>賛成</u>する人はいなかった。

(1) 極端 　① きょうたん 　② きょくたん 　③ ごうたん 　④ ごくたん
(2) 直ちに 　① ちょくちに 　② すぐちに 　③ ただちに 　④ なおちに
(3) 賛成 　① さんせ 　② さんせい 　③ ちゃんせ 　④ ちゃんせい

20. <u>母乳</u>には、多くの<u>免疫</u>成分が<u>含まれて</u>いるという。

(1) 母乳 　① ほにゅう 　② ほうにゅう 　③ ぼにゅう 　④ ぼうにゅう
(2) 免疫 　① めんやく 　② めんえき 　③ ばんやく 　④ ばんえき
(3) 含まれて ① ふくまれて 　② はさまれて 　③ かこまれて 　④ すすまれて

21. <u>薬物</u>を使用した<u>疑い</u>で、<u>検査</u>を受ける。

(1) 薬物 　① くすりもの 　② やくぶつ 　③ やくもつ 　④ くすりぶつ

(2)　疑い　　①　むくい　　②　うれい　　③　とまどい　　④　うたがい

(3)　検査　　①　こんさ　　②　けんさ　　③　けんせい　　④　こんそう

22.　傾いて建っている、珍しい建築を見に行った。

(1)　傾いて　①　むいて　　②　うなずいて　　③　かたむいて　　④　たたいて

(2)　珍しい　①　めずらしい　②　おそろしい　　③　ただしい　　④　ひとしい

(3)　建築　　①　けんそう　②　こんちく　　　③　けんしく　　④　けんちく

23.　ここでの喫煙は禁止されていますのでご遠慮ください。

(1)　喫煙　　①　きゅうえん　②　きんえん　　③　きつえん　　④　さつえん

(2)　禁止　　①　きんし　　②　きんじ　　③　くんし　　④　くんじ

(3)　遠慮　　①　えりょ　　②　えいりょ　③　えんりょ　　④　えんりょう

24.　森の中の湿った空気に、息が苦しくなった。

(1)　湿った　①　うるおった　②　あたたまった　③　しけった　　④　しめった

(2)　息　　　①　いき　　②　いぎ　　③　いっき　　④　いいき

(3)　苦しく　①　おしく　②　くるしく　　③　あたらしく　　④　にがにがしく

25.　吹雪の中で迷子になり、行方がわからなくなっていた人が、無事発見された。

(1)　吹雪　　①　せきせつ　②　つうせつ　　③　ふうゆき　　④　ふぶき

(2)　迷子　　①　みご　　②　めいご　　③　まいご　　④　まいこ

(3)　行方　　①　ほうこう　②　ゆくさき　　③　ゆくえ　　④　こうほう

26.　父は、最近髪がよく抜けるようになったことを悩んでいる。

(1)　髪　　　①　かみ　　②　ひげ　　③　け　　④　かみのけ

(2)　抜ける　①　ぬける　②　ふける　　③　かける　　④　とける

(3)　悩んで　①　やんで　②　かんで　　③　すさんで　　④　なやんで

27. <u>曇った</u>空から、<u>大粒</u>の雨が <u>降って</u>きた。

(1)　曇った　①　かげった　　②　くもった　　③　しけった　　④　まいった

(2)　大粒　　①　おおがた　　②　おおしけ　　③　おおまた　　④　おおつぶ

(3)　降って　①　やって　　　②　うって　　　③　くって　　　④　ふって

28. <u>皮膚</u>の色の<u>違い</u>で人を<u>差別</u>してはならない。

(1)　皮膚　　①　ひふ　　　　②　ひいふ　　　③　ひぶ　　　　④　ひふう

(2)　違い　　①　ちかい　　　②　ちがい　　　③　まちかい　　④　まちがい

(3)　差別　　①　さべつ　　　②　ちゃべつ　　③　くべつ　　　④　せんべつ

29. 家の庭の<u>芝生</u>を<u>刈る</u>のが、学生時代の私の<u>役目</u>だった。

(1)　芝生　　①　しばい　　　②　しばう　　　③　しばふ　　　④　しばる

(2)　刈る　　①　かる　　　　②　ける　　　　③　けずる　　　④　きる

(3)　役目　　①　やくもう　　②　やくわり　　③　やくめい　　④　やくめ

30. 地面を<u>掘って</u>いた子どもが、<u>偶然</u>古代の石器を<u>発見</u>した。

(1)　掘って　①　はって　　　②　ほって　　　③　とって　　　④　こって

(2)　偶然　　①　とつぜん　　②　がぜん　　　③　とうぜん　　④　ぐうぜん

(3)　発見　　①　はけん　　　②　はっけん　　③　はつげん　　④　はっけい

2급 한자쓰기 문제

※ 次の文の下線をつけた言葉は、どのような漢字を書きますか。その漢字をそれぞれの1・2・3・4の中から一つ選びなさい。

1.　彼は自分のきょうみのないことには、まったく、かんしんをしめそうとしない。

(1)　きょうみ　　① 驚異　　　　② 趣味　　　　③ 教味　　　　④ 興味
(2)　まったく　　① 全く　　　　② 漸く　　　　③ 絶く　　　　④ 然く
(3)　かんしん　　① 感心　　　　② 関心　　　　③ 簡心　　　　④ 間心
(4)　しめそう　　① 示そう　　　② 指そう　　　③ 占めそう　　④ 表そう

2.　プリントに、一部あやまった きじゅつがありますので、さくじょをお願いします。

(1)　あやまった　① 間違った　　② 謝った　　　③ 誤った　　　④ 判った
(2)　きじゅつ　　① 記述　　　　② 供述　　　　③ 技術　　　　④ 奇術
(3)　さくじょ　　① 作成　　　　② 錯除　　　　③ 削除　　　　④ 作除

3.　いっさくじつの大雨で、このいったいの河川は増水し、水はすっかりにごってしまった。

(1)　いっさくじつ① 一昨日　　　② 一前日　　　③ 一先日　　　④ 前前日
(2)　いったい　　① 一般　　　　② 一帯　　　　③ 一体　　　　④ 一層
(3)　にごって　　① 汚って　　　② 粘って　　　③ 泥って　　　④ 濁って

4.　生命ほけんに入らないかとかんゆうされたが、ことわった。

(1)　ほけん　　　① 保健　　　　② 補健　　　　③ 保険　　　　④ 補険
(2)　かんゆう　　① 勧誘　　　　② 観誘　　　　③ 勘誘　　　　④ 歓誘
(3)　ことわった　① 事わった　　② 絶った　　　③ 拒った　　　④ 断った

5. 部下が<u>ぜいきん</u>を使い込んだ<u>せきにん</u>を取って、大臣が<u>じにん</u>した。

(1) ぜいきん 　① 制金　　② 税金　　③ 贅金　　④ 説金
(2) せきにん 　① 積任　　② 績認　　③ 責任　　④ 責認
(3) じにん 　　① 自認　　② 自任　　③ 辞任　　④ 辞認

6. <u>よき</u>せぬ事故によって、<u>とうとい</u>命が<u>うばわれた</u>。

(1) よき 　　　① 良き　　② 餘期　　③ 予想　　④ 予期
(2) とうとい 　① 幼い　　② 尊い　　③ 要い　　④ 宝い
(3) うばわれた ① 奪われた ② 取われた ③ 襲われた ④ 怖われた

7. 毎日、畑を<u>たがやした</u>おかげで、野菜が<u>ゆたか</u>に<u>みのった</u>。

(1) たがやした ① 開した　② 作した　③ 運した　④ 耕した
(2) ゆたか 　　① 豊か　　② 朗か　　③ 満か　　④ 多か
(3) みのった 　① 穂った　② 実った　③ 熟った　④ 成った

8. <u>ぎり</u>の弟は、アパートに風呂がないので、<u>せんとう</u>に<u>かよって</u>いる。

(1) ぎり 　　　① 義理　　② 儀理　　③ 議理　　④ 偽理
(2) せんとう 　① 先頭　　② 戦闘　　③ 銭湯　　④ 先等
(3) かよって 　① 行って　② 泊って　③ 滞って　④ 通って

9. 学校をきれいに<u>たもつ</u>ため、廊下にゴミを捨てたら<u>ばっきん</u>を払うという<u>きそく</u>ができた。

(1) たもつ 　　① 持つ　　② 維つ　　③ 保つ　　④ 育つ
(2) ばっきん 　① 反金　　② 罪金　　③ 賞金　　④ 罰金
(3) きそく 　　① 規則　　② 規律　　③ 規定　　④ 規範

10. 長年、みんなを<u>ひきいて</u>働いてきた先輩が<u>いんたい</u>することになった。しばらくはゆっくり<u>きゅうよう</u>してほしい。

(1) ひきいて　　① 引いて　　② 卒いて　　③ 率いて　　④ 用いて

(2) いんたい　　① 勇退　　② 引退　　③ 早退　　④ 隠退

(3) きゅうよう　① 休養　　② 静養　　③ 教養　　④ 療養

11. 我が社のますますの<u>はってん</u>を<u>いのって</u>、<u>かんぱい</u>しましょう。

(1) はってん　　① 発電　　② 発売　　③ 発表　　④ 発展

(2) いのって　　① 願って　　② 望って　　③ 祈って　　④ 頼って

(3) かんぱい　　① 乾杯　　② 乾酒　　③ 感杯　　④ 感酒

12. <u>めんぜいてん</u>で、買い物に<u>ねっちゅう</u>している間に、財布を<u>ぬすまれた</u>らしい。

(1) めんぜいてん ① 免税店　② 免除店　③ 免許店　④ 免罪店

(2) ねっちゅう　① 夢中　　② 集中　　③ 熱中　　④ 熱烈

(3) ぬすまれた　① 捕まれた　② 盗まれた　③ 誘まれた　④ 惑まれた

13. <u>ふじん</u>警官が、子どもたちに<u>ほどう</u>を歩くようにと<u>しどう</u>している。

(1) ふじん　　① 淑人　　② 夫人　　③ 婦人　　④ 女人

(2) ほどう　　① 報道　　② 補導　　③ 歩道　　④ 本道

(3) しどう　　① 指導　　② 始動　　③ 市道　　④ 振動

14. 新しいマンションの建設について、<u>しゅうへん</u>の<u>じゅうみん</u>たちに対する<u>せつめい</u>会が開かれた。

(1) しゅうへん　① 終点　　② 周辺　　③ 周囲　　④ 周到

(2) じゅうみん　① 住民　　② 住人　　③ 市民　　④ 市人

(3) せつめい　　① 生命　　② 釈明　　③ 弁明　　④ 説明

15. この機械の<u>せいのう</u>がいいことは<u>みとめる</u>が、<u>かかく</u>が高すぎてとても買えない。

(1)	せいのう	① 整能	② 性能	③ 精能	④ 生能
(2)	みとめる	① 定める	② 印める	③ 認める	④ 識める
(3)	かかく	① 価格	② 価額	③ 値段	④ 値格

16. <u>おば</u>が、<u>みやげ</u>をたくさん持って、家に<u>とまり</u>に来た。

(1)	おば	① 祖母	② 乳母	③ 継母	④ 叔母
(2)	みやげ	① 土物	② 土産	③ 名産	④ 名物
(3)	とまり	① 止まり	② 泊まり	③ 留まり	④ 停まり

17. 外国の<u>げんご</u>を<u>まなぶ</u>ことは、その国の文化に<u>ふれる</u>ことでもある。

(1)	げんご	① 言語	② 語言	③ 言葉	④ 語学
(2)	まなぶ	① 習ぶ	② 学ぶ	③ 勉ぶ	④ 務ぶ
(3)	ふれる	① 振れる	② 揺れる	③ 触れる	④ 壊れる

18. リーダーになる人には、<u>れいせい</u>な<u>はんだん</u>力が<u>もとめられる</u>。

(1)	れいせい	① 冷静	② 冷情	③ 冷徹	④ 冷淡
(2)	はんだん	① 判決	② 判定	③ 判別	④ 判断
(3)	もとめられる	① 望められる	② 集められる	③ 求められる	④ 待められる

19. 車の<u>うんてん</u>を習っているとき、交通<u>ひょうしき</u>がなかなか覚えられなくて困った。

(1)	うんてん	① 運転	② 運送	③ 運搬	④ 運用
(2)	ひょうしき	① 表示	② 表識	③ 標示	④ 標識

20. <u>しょうばい</u>の基本は、<u>たがい</u>の<u>しんらい</u>関係である。

(1)	しょうばい	① 商店	② 商売	③ 商買	④ 売買
(2)	たがい	① 相い	② 違い	③ 互い	④ 両い
(3)	しんらい	① 信頼	② 信用	③ 親頼	④ 親用

1급 한자읽기 문제

※　次の文の下線をつけた言葉は、どのように読みますか。その読み方をそれぞれの1・2・3・4の中から選びなさい。

1.　　今年は<u>天候</u>が<u>不順</u>だったため、畑の<u>作物</u>もあまりよくできなかった。

(1)　天候　　　　① てんき　　　　② でんき　　　　③ てんこう　　　　④ でんこう

(2)　不順　　　　① ふしゅん　　　② ふじゅん　　　③ ふすん　　　　　④ ぶすん

(3)　作物　　　　① さくもの　　　② さくぶつ　　　③ さくもつ　　　　④ さくもう

2.　　息子の<u>彼女</u>が<u>頻繁に</u>家を<u>訪れる</u>ようになった。

(1)　彼女　　　　① かじょ　　　　② かれじょ　　　③ かにょ　　　　　④ かのじょ

(2)　頻繁に　　　① はんはんに　　② はんぼんに　　③ ひんぼんに　　　④ ひんぱんに

(3)　訪れる　　　① ふれる　　　　② かわされる　　③ おとずれる　　　④ またされる

3.　　<u>火事</u>の現場から、<u>這う</u>ようにしてなんとか<u>脱出</u>した。

(1)　火事　　　　① かじ　　　　　② かし　　　　　③ かざい　　　　　④ かさい

(2)　這う　　　　① まう　　　　　② こう　　　　　③ そう　　　　　　④ はう

(3)　脱出　　　　① たしゅつ　　　② だしゅつ　　　③ たっしゅつ　　　④ だっしゅつ

4.　　普段から<u>無口</u>な人だが、<u>緊張</u>すると<u>全く</u>話さなくなる。

(1)　無口　　　　① むくち　　　　② むぐち　　　　③ むこう　　　　　④ むごう

(2)　緊張　　　　① きんちょう　　② きんじょう　　③ きんちょ　　　　④ きんじょ

(3)　全く　　　　① ようやく　　　② まったく　　　③ よく　　　　　　④ さっそく

5.　　外国で起きた<u>紛争</u>への対応を<u>巡って</u>、会は<u>分裂</u>しそうだ。

(1)　紛争　　　　① ふんそう　　　② ぶんそう　　　③ ふんせい　　　　④ ぶんせい

(2)　巡って　　　① まわって　　　② たどって　　　③ めぐって　　　　④ まよって

(3)　分裂　　①　ふんめつ　　②　ぶんれつ　　③　ふんはつ　　④　ぶんぱつ

6.　最近は、日本でも一定の奉仕活動が義務づけられている学校もある。

(1)　一定　①　いっちょう　②　いっせい　③　いっそう　④　いってい
(2)　奉仕　①　ほうし　②　ぼうし　③　ほうさ　④　ぼうさ
(3)　義務　①　いむ　②　きむ　③　ぎむ　④　じむ

7.　A社の業績は、この5年で著しく 伸びている。

(1)　業績　①　ぎょせき　②　ぎょうせき　③　ぎょてき　④　ぎょうてき
(2)　著しく　①　はげしく　②　めざましく　③　はなはだしく　④　いちじるしく
(3)　伸びて　①　おびて　②　のびて　③　こびて　④　さびて

8.　来月の選挙の候補者を激励する集まりが開かれた。

(1)　選挙　①　せんきょ　②　せんきょう　③　せんぎょ　④　せんぎょう
(2)　候補　①　ふぼ　②　ふうぼ　③　こほ　④　こうほ
(3)　激励　①　きょくれい　②　げきれい　③　げきりょく　④　きょくれい

9.　勇敢な 青年たちが国を救った。

(1)　勇敢な　①　ゆうもうな　②　ゆうめいな　③　ゆうしゅうな　④　ゆうかんな
(2)　青年　①　しょうねん　②　せいねん　③　ちょうねん　④　そうねん
(3)　救った　①　ぬぐった　②　おくった　③　すくった　④　まくった

10.　彼は、束縛されるのが苦手だという理由で独身を通している。

(1)　束縛　①　そっぱく　②　そうはく　③　そくはく　④　そくばく
(2)　苦手　①　わかて　②　もろて　③　にがて　④　くるて
(3)　独身　①　とうしん　②　とくしん　③　どっしん　④　どくしん

1급 한자쓰기 문제

※ 次の文の下線をつけた言葉は、どのような漢字を書きますか。その漢字をそれぞれの1·2·3·4の
中から一つ選びなさい。

1.　少年はさわやかな いんしょうを残してさっていった。

(1)　さわやかな　　① 涼やかな　　② 鮮やかな　　③ 快やかな　　④ 爽やかな

(2)　いんしょう　　① 人相　　② 印相　　③ 印象　　④ 人像

(3)　さって　　① 避って　　② 去って　　③ 逃って　　④ 走って

2.　がくれきを問わないというきゅうじん広告に目がとまった。

(1)　がくれき　　① 学歴　　② 学力　　③ 学習　　④ 学績

(2)　きゅうじん　　① 急人　　② 集人　　③ 募人　　④ 求人

(3)　とまった　　① 停まった　　② 留まった　　③ 泊まった　　④ 止まった

3.　げんじょうを、はあくした上で、対策をこうじる必要がある。

(1)　げんじょう　　① 現象　　② 減少　　③ 現状　　④ 元状

(2)　はあく　　① 破握　　② 把握　　③ 派閥　　④ 把折

(3)　こうじる　　① 講じる　　② 抗じる　　③ 功じる　　④ 項じる

4.　運動するときは、てきぎ、水分をほきゅうすることにりゅういしなければならない。

(1)　てきぎ　　① 適当　　② 適宜　　③ 適切　　④ 適度

(2)　ほきゅう　　① 補強　　② 保給　　③ 補給　　④ 保急

(3)　りゅうい　　① 留意　　② 流意　　③ 注意　　④ 良意

5.　2級にごうかくしたら、さいしゅう的には1級にちょうせんしたい。

(1)　ごうかく　　① 骨格　　② 降格　　③ 向学　　④ 合格

(2)　さいしゅう　① 最小　　② 最長　　③ 最終　　④ 最初
(3)　ちょうせん　① 挑戦　　② 調整　　③ 調製　　④ 挑選

6.　あこがれの女性が結婚したという知らせに、彼はどうようをかくせなかった。

(1)　あこがれ　① 憬れ　　② 憧れ　　③ 恋れ　　④ 愛れ
(2)　どうよう　① 動用　　② 動揺　　③ 同様　　④ 同揺
(3)　かくせなかった　① 隠せなかった　　　② 影せなかった
　　　　　　　　　　　③ 消せなかった　　　④ 欺せなかった

7.　大阪に作ったしてんは、こうちょうなすべり出しを見せた。

(1)　してん　① 私店　　② 自店　　③ 子店　　④ 支店
(2)　こうちょう　① 高調　　② 巧調　　③ 好調　　④ 誇張
(3)　すべり　① 滑り　　② 擦り　　③ 転り　　④ 走り

8.　事実をつげると、彼女はろこつにふかいな表情をした。

(1)　つげる　① 話げる　　② 言げる　　③ 告げる　　④ 申げる
(2)　ろこつ　① 老骨　　② 能骨　　③ 露骨　　④ 労骨
(3)　ふかい　① 不快　　② 愉快　　③ 風快　　④ 無快

9.　さっきのたいどは、とてもりょうしきある大人の取るものではない。あらためたほうが良い
よ。

(1)　たいど　① 大度　　② 体動　　③ 態度　　④ 多度
(2)　りょうしき　① 良識　　② 様識　　③ 両識　　④ 常識
(3)　あらためた　① 直めた　　② 新めた　　③ 改めた　　④ 安めた

10.　ちいきによって、きみょうなかんしゅうの残っているところがある。

(1)　ちいき　① 地域　　② 地方　　③ 地形　　④ 地帯

(2)　きみょう　　　① 奇妙　　　② 奇少　　　③ 希少　　　④ 希妙

(3)　かんしゅう　　① 勘習　　　② 感習　　　③ 慣習　　　④ 歓習

11.　新しい仕事は<u>きどう</u>に乗り始めたが、まだ<u>らっかん</u>は<u>きんもつ</u>だ。

(1)　きどう　　　　① 街道　　　② 気道　　　③ 期道　　　④ 軌道

(2)　らっかん　　　① 達観　　　② 落見　　　③ 楽観　　　④ 絡見

(3)　きんもつ　　　① 堅持　　　② 禁物　　　③ 繁物　　　④ 金持

12.　<u>かっぱつ</u>な<u>せいと</u>が多いので、この組はいつも<u>にぎやか</u>だ。

(1)　かっぱつ　　　① 活髪　　　② 活方　　　③ 活生　　　④ 活発

(2)　せいと　　　　① 生徒　　　② 生等　　　③ 制度　　　④ 正道

(3)　にぎやか　　　① 緩やか　　② 賑やか　　③ 騒やか　　④ 華やか

13.　今回の<u>きまつ</u>試験の中で、この問題を<u>とく</u>ことができたのは、<u>わずか</u>2人でした。

(1)　きまつ　　　　① 期末　　　② 機末　　　③ 期末　　　④ 機末

(2)　とく　　　　　① 答く　　　② 溶く　　　③ 遠く　　　④ 解く

(3)　わずか　　　　① 微か　　　② 密か　　　③ 僅か　　　④ 少か

14.　<u>たてまえ</u>と<u>ほんね</u>の使い分けは、誰でも<u>たしょう</u>しているはずだ。

(1)　たてまえ　　　① 建前　　　② 絶前　　　③ 脱前　　　④ 立前

(2)　ほんね　　　　① 本根　　　② 本音　　　③ 本値　　　④ 本寝

(3)　たしょう　　　① 多少　　　② 多小　　　③ 大少　　　④ 大小

15.　<u>じんるい</u>の<u>めつぼう</u>を<u>よげん</u>した本が売れているという。

(1)　じんるい　　　① 人類　　　② 人流　　　③ 人猿　　　④ 人民

(2)　めつぼう　　　① 滅防　　　② 滅方　　　③ 滅亡　　　④ 滅無

(3)　よげん　　　　① 用言　　　② 予言　　　③ 冷言　　　④ 世言

16. 彼はどんかんだから、周りからひなんされても、ちゅうしょうされても、何も感じない
よ。

(1) どんかん　　① 頓感　　② 同感　　③ 敏感　　④ 鈍感

(2) ひなん　　　① 非難　　② 悲難　　③ 悲観　　④ 悲嘆

(3) ちゅうしょう　① 抽象　　② 中小　　③ 中傷　　④ 中証

17. どこかから肉のにえる良いにおいがしてきて、私は急にくうふくを感じた。

(1) にえる　　① 似える　　② 煮える　　③ 沸える　　④ 焼える

(2) におい　　① 匂い　　　② 香い　　　③ 似合い　　④ 嗅い

(3) くうふく　① 減腹　　　② 満腹　　　③ 少腹　　　④ 空腹

한자-동음이의어

※ 同じひらがなで書く言葉を1·2·3·4から一つ選びなさい。

1. この地方の慣習に従う。
   ① 看守　　　② 眼中　　　③ 観衆　　　④ 鑑賞

2. ここで遊んでは危険です。
   ① 棄権　　　② 期限　　　③ 機嫌　　　④ 気炎

3. 新しい感覚を持ったアーティストが登場した。
   ① 間隔　　　② 改革　　　③ 計画　　　④ 価格

4. 人から干渉されるのは好きではない。
   ① 願書　　　② 緩衝　　　③ 感触　　　④ 間接

5. 裁判を傍聴した。
   ① 忙中　　　② 豊穣　　　③ 防虫　　　④ 膨張

6. 韓国の陶磁器は、日本人に人気がある。
   ① 同士　　　② 当時　　　③ 統治　　　④ 投資

7. 二人が、銃刀法違反で逮捕された。
   ① 重度　　　② 周到　　　③ 中等　　　④ 充当

8. 不祥事の責任をとって、大臣が更迭された。
   ① 肯定　　　② 構想　　　③ 行動　　　④ 鋼鉄

9. このご恩は<u>生涯</u>忘れません。

   ① 障害　　　　② 勝敗　　　　③ 招待　　　　④ 相対

10. 事件の<u>背景</u>には、複雑な事情がありそうだ。

   ① 破壊　　　　② 徘徊　　　　③ 廃棄　　　　④ 拝啓

11. 新しい雑誌が<u>刊行</u>された。

   ① 加工　　　　② 漢語　　　　③ 観光　　　　④ 格好

12. アルバイトで<u>生計</u>を立てている。

   ① 整形　　　　② 設計　　　　③ 政界　　　　④ 正解

13. おかげさまで、病気は<u>快方</u>に向かっています。

   ① 刑法　　　　② 外報　　　　③ 解放　　　　④ 回答

14. 久しぶりに山登りをして、体力の<u>限界</u>を感じた。

   ① 軽快　　　　② 見解　　　　③ 原型　　　　④ 厳戒

15. 結婚しても仕事を続ける<u>女性</u>が多くなっている。

   ① 諸税　　　　② 情勢　　　　③ 助勢　　　　④ 上昇

16. さっきのニュースは<u>誤報</u>だったらしい。

   ① 後方　　　　② 候補　　　　③ 語法　　　　④ 公募

17. 明日はいよいよ<u>試験</u>だ。

   ① 私見　　　　② 実権　　　　③ 事件　　　　④ 資源

18. 勉強も大事だが、精神の<u>修養</u>も必要だ。

   ① 収容　　　　② 主要　　　　③ 周遊　　　　④ 重用

19. 一度、彼を<u>紹介</u>してください。

① 初回　　　　② 所外　　　　③ 照会　　　　④ 渉外

20. この<u>不況</u>はいつまで続くのだろうか。

① 普及　　　　② 舞踏　　　　③ 風紀　　　　④ 布教

어휘부문

2급 어휘 핵심노트

▶는 대표예문. ▷는 괄호 안의 표현 중 적당한 표현을 고르는 문제입니다.

01. ▶ 父の趣味は記念切手の収集だ。

아버지의 취미는 기념우표 수집이다.

▷ 封筒の表には(宛名・切手)をしっかりと書いて下さい。

봉투 겉면에는 받는 사람 이름을 분명하게 써 주세요.

※ 「切手」(우표)가 되려면 동사 「貼る」가 와야 한다. 정답 宛名

---

02. ▶ あの人には謙虚さが足りない。

저 사람한테는 겸허함(겸손함)이 부족하다.

▷ 彼はいくら地位が高くなっても(謙虚・謙遜)な姿勢を忘れない。

그는 아무리 지위가 높아져도 겸손한 자세를 잊지 않는다.

※ 「謙虚」에 「さ」가 붙어서 '겸손함'이란 뜻의 명사가 되었다. 「謙虚」와 「謙遜」은 둘 다 뜻은 비슷하지만 쓰임새가 약간 다르다. 「謙虚」는 「謙虚な人」(겸허한 사람, 겸손한 사람) 처럼 쓰이는 데 반해, 「謙遜」은 「謙遜する」(겸손해하다)와 같이 동사로 쓰는 것에 주의해야 한다. 정답 謙虚

---

03. ▶ 末っ子はわがままだと言われるが、人によると思う。

막내는 제멋대로라고 하지만, 사람 나름이라고 생각한다.

▷ 私は(独身・末っ子)なので、小さい頃は妹か弟が欲しかった。

나는 막내라서, 어릴 때는 여동생이나 남동생이 있었으면 했다.

※ 「末っ子」는 '막내'. '맏이'는 「兄弟の一番上」(형제 중 제일 위), 또는 「長男」(장남), 「長女」(장녀)라고 한다. '외동'은 一人っ子. 정답 末っ子

---

04. ▶ 挨拶するときほほえむ人は感じが良い。

인사할 때 미소 짓는 사람은 느낌이 좋다.

▷ 彼女は私に気付くとにっこりと(にらんだ・ほほえんだ)。

그녀는 나를 알아채면 싱긋 미소짓는다.

※ 「にっこり」는 소리를 내지 않고 웃는 모양을 나타내는 의태어이다. 「にらむ」는 '노려보다', 「ほほえむ」는 '미소짓다'. 정답 ほほえむ

---

05. ▶ わずか5万円で、1か月暮らせるはずがない。

겨우 5만엔으로, 한 달을 살 수가 없다.

▷ 最終テストに残ったのは（わずか・にわか）3人だった。

최종 시험에 남은 것은 불과 세 사람이었다.

※ 「にわか(に)」는 '갑자기', 「わずか」는 '불과', '겨우' = たった(の). ・にわかあめ : 소나기　정답 **わずか**

> **わずか와 せいぜい**
>
> わずか　…　불과. 양이 적은 것을 나타낸다.
>
> せいぜい … 기껏해야. 많아봤자. 뒤에는 추량(~겠지)을 나타내는 표현이 따라오는 것이 보통이다.
> ※ A : 今日の合コン何人くるかな？　　　오늘 미팅 몇 명이나 올까?
> 　　B : せいぜい 3人だろう。　　　　　　기껏해야 세 명이겠지.
> ※ 最後まで残ったのはわずか3人だった。　　마지막까지 남은 건 세 사람뿐이었다.

---

06. ▶ そこの角に立派な家が建った。

거기 모서리에 근사한 집이 지어졌다.

▷ 本屋は、2つ目の（端・角）を左に曲がったところにあります。

서점은 두 번째 모퉁이를 좌회전한 곳에 있습니다.

※ 「角」는 '모퉁이'. 「端」는 '가장자리'.　정답 **角**

---

07. ▶ 遠くで打ち上げ花火が鳴っている。

먼 곳에서 높이 쏘아 올리는 불꽃놀이 소리가 나고 있다.

▷ 雷が（鳴った・降った）ので、あわてて家の中に入った。

천둥이 쳐서 부랴부랴 집 안으로 들어갔다.

※ 雷が鳴る 천둥이 치다. 일본인이 무서워한다는 네 가지는 雷 地震火事親父(천둥, 지진, 화재, 아버지)라고 한다. 「降る」는 비나 눈에 쓴다.　정답 **鳴った**

---

08. ▶ 年を取ったせいか少し前のことがさっぱり思い出せない。

나이를 먹은 탓인지, 좀 전의 일이 전혀 생각나지 않는다.

▷ いやなことは（うっかり・さっぱり）忘れて明日からまたがんばろう。

싫은 일은 싹 잊어버리고 내일부터 다시 열심히 하자.

※ 「さっぱり」는 '깨끗이', '완전히'란 뜻이다. 「うっかり」는 '깜빡'.　정답 **さっぱり**

---

09. ▶ 夢はできるだけ大きく持った方が良い。

꿈은 가능한 크게 가지는 것이 좋다.

▷ いつまでも(うそ・夢)みたいなことばかり言っていないで、少しは現実を見なさい。

언제까지나 꿈 같은 얘기만 하고 있지 말고, 조금은 현실을 보거라.

※ 「現実」에 반대되는 말로 「夢」가 쓰였다. 「うそ」는 '거짓'. '거짓말'. 정답 夢

10. ▶ ここ10年ほどで、外車に乗る人はずいぶん増えた。

최근 10년 사이, 외제차를 타는 사람이 상당히 늘었다.

▷ 若い人の離婚は(上がる・増える)一方だ。

젊은 사람의 이혼은 증가일로다.

※ 앞의 단어가 「離婚率」(이혼률)이었다면 「上がる」가 맞다. 離婚が増える(이혼이 늘다) − 離婚率が上がる (이혼률이 높아지다) 정답 増える

2급 의성어·의태어 핵심 노트

▶는 대표예문. ▷는 괄호 안의 표현 중 적당한 표현을 고르는 문제입니다.

01. ▶ 彼女は自慢の宝石をぴかぴかに磨いた。

그녀는 자랑스런 보석을 반짝반짝하게 닦았다.

▷ 友達が買ったばかりの（ぴかぴか・いきいき）の自転車に乗って遊びに来た。

친구가 산지 얼마 안 되는 반짝반짝하는 자전거를 타고 놀러 왔다.

※ 「ぴかぴか」의 원래 뜻은 '반짝반짝'이지만, '새롭다'는 뉘앙스가 강하다. 「いきいき」는 '생생하다'. 정답 ぴかぴか

---

02. ▶ 留年を覚悟したが、何とかぎりぎりの成績で進級することができた。

유급을 각오했는데, 어떻게 아슬아슬한 성적으로 진급할 수 있었다.

▷ 朝寝坊して学校に遅刻しそうになったが、（ぎりぎり・そろそろ）で間に合った。

아침에 늦잠을 자서 학교에 지각할 뻔 했는데, 아슬아슬하게 시간에 늦지 않았다.

※ '간신히'란 뜻. 「そろそろ」는 '슬슬'. 「留年」은 '유급'. 정답 ぎりぎり

---

03. ▶ 日本に来たばかりの頃は、言葉がわからないので、何を言われてもにこにこしていた。

일본에 온 지 얼마 되지 않았을 때는 말도 모르니까, 무슨 말을 들어도 생글생글 웃었다.

▷ 彼女はいつも（めそめそ・にこにこ）していて、みんなに人気がある。

그녀는 언제나 생글생글 웃어서, 모두에게 인기가 있다.

※ 「にこにこ」는 '싱글벙글'. 「めそめそ」는 소리를 내지 않고 우는 모습. 보통 부정적인 뜻으로 쓰인다. 정답 にこにこ

---

04. ▶ もうすぐあなたに会えるかと思うと、わくわくします。

이제 곧 당신을 만날 수 있다 생각하니, 두근거립니다.

▷ 小さい頃、遠足の前の日は（しみじみ・わくわく）して、よく眠れませんでした。

어렸을 때, 소풍 전 날은 두근거려서, 잠을 들지 못했습니다.

※ 「わくわく」는 기대 등으로 가슴이 두근두근 벅찬 모습을 나타낸다. 「しみじみ」는 '절실히'. 정답 わくわく

'05. ▶ あの歌手は、頭がもうつるつるなので、かつらをかぶっているという噂がある。

저 가수는 머리가 벌써 매끈매끈하기 때문에, 가발을 쓴다는 소문이 있다.

▷ 道が凍って(べとべと・つるつる)滑るので、歩きにくい。

길이 얼어 미끄러워서 걷기 어렵다.

※ 「つるつる」는 머리에 머리카락이 전혀 없는 모습을 묘사할 때도 쓴다. 「べとべと」는 '끈적끈적'. 정답
つるつる

---

06. ▶ 空を見上げると、無数の星がきらきら輝いていた。

하늘을 쳐다보니 무수히 많은 별들이 반짝반짝 빛나고 있었다.

▷ 彼は目を(きょろきょろ・きらきら)させながら、将来の夢について熱く語った。

그는 눈을 반짝거리며 장래의 꿈에 대해 열정적으로 이야기했다.

※ 「きらきら」는 '반짝반짝'이고 좀더 느낌이 큰 '번쩍번쩍'은 「ぎらぎら」라고 한다. 「きょろきょろ」는 '두리번두리
번'. 정답 きらきら

---

07. ▶ あの人は、何でもぺらぺらしゃべるから、大事なことは言わないほうがいいよ。

저 사람은 뭐든지 술술 말하니까, 중요한 것은 말하지 않는 게 좋아.

▷ 彼女は日本人だが、イギリスで生まれ育ったので英語が(ぺらぺら・ひそひそ)だ。

그녀는 일본인이지만, 영국에서 태어나 자랐기 때문에 영어가 유창하다.

※ 「ぺらぺら」는 외국어를 상당히 유창하게 말하는 모습이나, 말을 아주 잘하고 말솜씨가 있다는 뜻으로
자주 쓴다. 정답 ぺらぺら

---

08. ▶ 人を指差したり、じろじろ見たりするのは大変失礼なことだ。

사람을 손으로 가리키거나 흘깃흘깃 보거나 하는 것은 매우 실례 되는 일이다.

▷ 私が部屋に入っていくと、皆がいっせいに(じろじろ・うきうき)見た。

내가 방에 들어가자, 모두들 일제히 흘깃흘깃 쳐다봤다.

※ 「じろじろ」는 대상을 거침없이 보는 모습. 흘깃흘깃. 정답 じろじろ

---

09. ▶ 夏バテでまったく食欲がなく、がりがりにやせてしまいました。

여름을 타서 통 식욕이 없어 살이 쫙 빠져버렸습니다.

▷ 太っていたおじが、病気のため(がらがら・がりがり)にやせてしまった。

통통하던 삼촌이 병 때문에 깡 마르셨다.

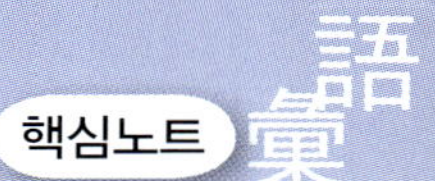

※ 「がりがり」는 '빼빼'에 해당한다. 「がらがら」는 속이 텅텅 비어 있는 모습이나 아주 배고픈 모습을 나타내는 말이다. 정답 がりがり

10.　▶ ぼんやり歩いていて、前の人にぶつかってしまった。
멍하니 걷다가 앞 사람과 부딪혔다.

▷ いつも元気な佐藤さんが、珍しく一人で(ぼんやり・じっくり)外を眺めている。
늘 활기찬 사토 씨가 드물게 혼자서 멍하니 바깥을 쳐다보고 있다.

※ 「ぼんやり」는 '멍하니'. 「ぼうっと」도 같은 뜻이다. 「じっくり」는 '곰곰히' '차분히'란 뜻. 정답 ぼんやり

2급 외래어 핵심노트

▶는 대표예문. ▷는 괄호 안의 표현 중 적당한 표현을 고르는 문제입니다.

01. ▶ 豪華なドレスを着て、ステージに立ちたい。
호화로운 드레스를 입고 스테이지(무대)에 서고 싶다.

▷ 大けがをした有名歌手が再び(コンサート・ステージ)に上がった。
크게 다친 유명 가수가 다시 스테이지에 올랐다.

※ 「コンサート」(콘서트) 뒤에 오는 동사로 적절한 것은 「開く」(열다). 정답 ステージ

02. ▶ 彼女は何事にもプラス志向だ。 그녀는 무슨 일에나 긍정적이다.

▷ この会社での経験は、私にとって大変(プラス・ベテラン)になりました。
이 회사에서의 경험은, 저로서는 매우 플러스가 되었습니다.

※ 반대말은 「マイナスになる」. 「ベテラン」은 '베테랑'이란 뜻으로 전문가, 또는 숙련된 사람이란 뜻이다. 같은 말은 「くろうと」, 반대말은 「しろうと」(초보자). 정답 プラス

03. ▶ 大学で運動部に入っている弟は朝晩のトレーニングを欠かさない。
대학에서 운동부에 들어있는 남동생은 아침 저녁으로 하는 트레이닝(훈련)을 빼먹지 않는다.

▷ 一流の運動選手ほど厳しい(スピード・トレーニング)を続けている。
일류 운동선수일수록 혹독한 트레이닝을 계속한다.

※ 「運動」라는 단어만 보지 않도록. ·トレーニングを積む 훈련을 쌓다 정답 トレーニング

04. ▶ すみませんが、メニューを見せてください。죄송하지만, 메뉴를 보여 주세요.

▷ あの店の昼食(レストラン・メニュー)は日替わりだ。저 집의 점심 메뉴는 매일 바뀐다.

※ 「日替わり」는 매일 바뀌는 것. ·日替わり定食 매일 반찬이 바뀌는 정식 정답 メニュー

05. ▶ 彼女は全国各地の人形をコレクションしている。
그녀는 전국 각지의 인형을 수집하고 있다.

▷ 私の趣味は世界中の切手を(コレクション・レクリエーション)することです。
저의 취미는 전세계의 우표를 수집하는 것입니다.

※ 「収集」(수집)이란 뜻. 「収集家」는 「コレクター」. 정답 コレクション

06. ▶ 駅のベンチに座って彼女を待った。

역 벤치에 앉아 그녀를 기다렸다.

▷ 散歩の途中、公園の(ペンチ・ベンチ)で一休みした。

산책 도중에, 공원 벤치에서 잠깐 쉬었다.

※ 탁음과 반탁음 표기에 주의. 「ペンチ」(펜치)는 공구의 하나. 정답 ベンチ

---

07. ▶ ユーモアがわからない人はいっしょにいてもつまらない。

유머를 모르는 사람은 같이 있어도 따분하다.

▷ 彼女はまじめそうに見えるが、実は(ユーモア・センス)もある楽しい人だ。

그녀는 성실하게 보이지만, 실은 유머도 있는 즐거운 사람이다.

※ 「ユーモア」는 유머. 「センスがある」(센스가 있다)는 「洗練された」(세련된)의 뜻이다. 정답 ユーモア

---

08. ▶ バイクのエンジンの調子が悪く、修理に出した。

오토바이 엔진 상태가 나빠서, 수리를 맡겼다.

▷ 坂道の途中で、車の(ガソリン・エンジン)がかからなくなり、困った。

언덕길 도중에, 자동차 엔진이 걸리지 않아 애 먹었다.

※ 시동이 걸리지 않는 것을 「エンスト」(エンジンがストップする란 뜻의 일본식 영어표현) 라고도 한다. 「ガソリン」은 주유용 기름을 말한다. ·ガソリンスタンド : 주유소 정답 エンジン

---

09. ▶ 家庭用の機種なので、A4の大きさまでしかコピーできない。

가정용 기종이어서, A4 크기까지밖에 복사가 안 된다.

▷ この資料、10枚(プリント・コピー)をとって出席者に配っておいて下さい。

이 자료, 열 장 복사해서 출석자에게 나눠 주세요.

※ 「プリント」(프린트)는 일반적으로 '문제지'란 뜻으로 쓰일 경우가 많다. 「配る」(배포하다, 나누어주다)란 동사를 의외로 잘 모르는 학습자가 많다. 기억해두자. 정답 コピー

---

10. ▶ 次のワールドカップまでに、強豪国のレベルに近づけるのが課題だ。

다음 월드컵까지, 강호국 수준까지 다가가는 것이 과제다.

▷ 初めて挑戦した国際試合で、世界との(レベル・ラベル)の差を感じた。

처음으로 도전한 국제시합에서, 세계와의 수준 차를 느꼈다.

※ 「レベル」은 「lebel」(수준), 「ラベル」은 「label」(라벨). 정답 レベル

1급 어휘 핵심노트

▶는 대표예문. ▷는 괄호 안의 표현 중 적당한 표현을 고르는 문제입니다.

01.   ▶ 残業が多い月は外食も増えるので、食費がかさんでしまう。

　　　잔업이 많은 달은 외식도 늘기 때문에, 식비가 많아진다.

　　　▷ 携帯電話を持ったり、インターネットをするようになって、通信費が(かさばる ・ かさむ)。

　　　휴대폰을 갖게 되거나, 인터넷을 하게 되어, 통신비가 늘어난다.

　　　※ 「かさばる」(겹치다)는 구체적인 사물에 대해 쓰고, 「かさむ」(불어나다)는 주로 금액에 대해 쓴다. 정답 かさむ

02.   ▶ AとBでは、だんぜんBの方が人気がある。

　　　A와 B 중에서는, 점점 B쪽이 인기가 있다.

　　　▷ 決勝戦は、経験のある田中君の方が(だんぜん ・ ぐうぜん)有利だろう。

　　　결승전은 경험있는 다나카군이 단연 유리하겠지.

　　　※ 한자로 쓰면 각각 「断然」(단연), 「偶然」(우연히)이 된다. 정답 だんぜん

03.   ▶ 一週間で、各自良い案を練ってきてください。

　　　일주일안에, 각자 좋은 안을 짜오세요.

　　　▷ 非常事態に備えて、いろいろと対策を(練った ・ 編んだ)。

　　　비상사태에 대비하여, 여러 가지 대책을 짰다.

　　　※ 「対策」(대책)이란 말은 練る외에도 「講じる」(강구하다), 「とる」 등이 어울린다. 정답 練った

04.   ▶ こんなに簡単なことができなくて、自分で自分が情けなかった。

　　　이렇게 쉬운 일도 못해서, 스스로도 한심했다.

　　　▷ そんなにひどいことを言われて黙って帰ってきたとは、君も(情けない ・ まぎらわしい)男だな。

　　　그렇게 심한 말을 듣고 아무 소리 못하고 돌아오다니, 너도 참 한심한 남자다.

　　　※ 「情けない」는 '한심스럽다'. 「まぎらわしい」는 '혼동하기 쉽다' '헷갈리다' 는 뜻. 「～とは」는 '～하다니' 라는 뜻으로 주로 뒤에는 화자의 판단이나 의견이 온다. 정답 情けない

05. ▶ よくゆすがないと、洗剤が落ちないよ。

잘 헹구지 않으면, 세제가 안 떨어져.

▷ 歯磨きをしたあとは、よく口を(そそがなければ・ゆすがなければ)ならない。

이를 닦은 후에는, 입을 잘 헹궈야 한다.

※ 「ゆすぐ」는 '헹구다', 「そそぐ」는 '붓다'. 형태가 비슷하므로 주의. 정답 ゆすがなければ

---

06. ▶ おそれいりますが、こちらのフロアは女性専用になっております。

죄송하지만, 이쪽 플로어는 여성전용으로 되어 있습니다.

▷ (お世話になります・おそれいります)が、おたばこはご遠慮下さい。

죄송하지만, 담배는 삼가 주시기 바랍니다.

※ 「おそれいりますが」는 고객이나 손윗사람 등에게 말하기 어려운 충고, 의뢰 등을 할 때 쓰는 말. 정답 おそれいります

---

07. ▶ 晩年は故郷で過ごしたいと思っている。

노후는 고향에서 지내고 싶다고 생각하고 있다.

▷ その音楽家は、若い頃は派手な生活を送ったが、(晩年・後年)はさびしいものだったという。

그 음악가는 젊은 시절은 화려한 생활을 보냈지만, 노후는 쓸쓸했었다고 한다.

※ 「晩年」은 '나이든 이후의 시절' '노후'를 뜻하고, 「後年」은 '후년'. '후일(後日)'. '뒷날'의 뜻이다. 정답 晩年

---

08. ▶ 調査本部は、有力な手がかりをつかんだらしい。

조사본부는 유력한 단서를 잡은 것 같다.

▷ 事件の(手がかり・きっかけ)が何一つつかめないまま、時効を迎えた。

사건의 단서를 무엇 하나 잡지 못한 채, 시효를 맞이했다.

※ 「手がかり」는 (어떤 문제의) '실마리'. 「きっかけ」는 '계기' 란 뜻으로 「～がきっかけになって」(～가 계기가 되어) 「～をきっかけに」(～을 계기로)와 같은 문형으로 많이 쓰인다. 정답 手がかり

---

09. ▶ 強い相手だったが、ねばりにねばってついに勝った。

강한 상대였지만, 끈질기게 싸워 이겼다.

▷ 最初は断られたが、何度も(ひねって・ねばって)ついに契約書にサインをもらった。

처음에는 거절당했지만, 몇 번이나 졸라서 마침내 계약서에 사인을 받았다.

※ 「ねばる」에는 '쫄깃쫄깃하다' 는 뜻도 있지만, 이 경우에는 '끈기있게 계속하다' 즉 '끈질기게 조르다' 는 뜻으로 쓰였다. 「ひねる」는 '비틀다'. 참고로 빨래 등을 짜는 것은 「しぼる」라고 한다. 정답 ねばって

10.　▶ 40度も熱があるのに、出勤するなんてむちゃだ。

열이 40도나 되는데도, 출근하다니 말도 안 된다.

▷ 一人で北極に行くなんて(むだ・むちゃ)な話だ。

혼자서 북극에 가다니 도저히 불가능한 이야기다.

※ 「むちゃ」는 '도저히 불가능하다' 는 뜻으로, 한자는 「無茶」로 표기한다. ※ むちゃな話 ≒ とんでもない話. = 너무 심한 이야기, 무리한 이야기. 「むだ」는 '쓸데없다' 는 뜻으로, 한자로 「無駄」로 표기한다. お金のむだつかい : 돈낭비. 정답 むちゃ

1급 의성어·의태어 핵심 노트

▶는 대표예문. ▷는 괄호 안의 표현 중 적당한 표현을 고르는 문제입니다.

01.　▶ 発育の速度は、子どもによってまちまちです。

　　　발육속도는 아이마다 제각각입니다.

　　▷ 仕事の終わる時間は日によって（おどおど・まちまち）です。

　　　업무가 끝나는 시간은 날에 따라 들쑥날쑥 합니다.

　　※ 「まちまち」는 물건이나 사람이 각각 다른 것. 「おどおど」는 자신이 없는 모습. 멈칫멈칫. 정답 **まちまち**

02.　▶ ミステリー小説をはらはらしながら読み進んだ。

　　　미스터리 소설을 조마조마하며 읽어나갔다.

　　▷ 試合は最後までどちらが勝つかわからず、（ぶつぶつ・はらはら）しながら見ていた。

　　　시합은 마지막까지 어느 팀이 이길지 몰라 조마조마하며 보고 있었다.

　　※ 「はらはら」는 '우수수' '뚝뚝'의 뜻으로 나뭇잎·눈물·물방울 등이 잇따라 조용히 떨어지는 모양을 나타내는데, 뒤에 「～する」가 올 때는 '아슬아슬' '조마조마' 라는 뜻으로 쓰인다. 「ぶつぶつ」(중얼중얼)는 불만을 말하는 모습. 정답 **はらはら**

03.　▶ 高熱でふらふらですが、仕事が忙しいので休めません。

　　　고열로 어질어질하지만, 일이 바빠서 쉴 수가 없습니다.

　　▷ ゆうべ、寝ないで勉強していたので今日は疲れて（ふらふら・ぶらぶら）です。

　　　어젯밤에 자지 않고 공부했더니 오늘은 피곤해서 어질어질하다.

　　※ 「ふらふら」는 '비틀비틀' '어질어질', 「ぶらぶら」(빈둥빈둥)는 하릴없이 지내거나 걷는 것을 나타낸다. 정답 **ふらふら**

04.　▶ 体の大きい兄の上着を借りてきたのですが、ぶかぶかです。

　　　몸집이 큰 형의 웃옷을 빌려 입고 나왔는데, 헐렁헐렁합니다.

　　▷ 1年間で10キロもやせたので、去年のズボンが（ふわふわ・ぶかぶか）になってしまった。

　　　1년간 10킬로그램이나 살이 빠져서, 작년에 입었던 바지가 헐렁헐렁해졌다.

　　※ 「ぶかぶか」(헐렁헐렁)는 옷이 입는 사람에 비해 너무 큰 모습. 「ふわふわ」는 '폭신폭신'. 정답 **ぶかぶか**

---

05. ▶ さっきからそわそわしているけど、何か約束でもあるのですか。

아까부터 안절부절 못하는데, 뭔가 약속이라도 있나요?

▷ 何か気になることがあるのか、彼は朝から時計を何度も見て、(そわそわ・どんどん) している。

뭔가 걱정되는 일이 있는 건지, 그는 아침부터 시계를 몇 번이나 보며 안절부절 못하고 있다.

※ 「そわそわ」는 침착하지 못하고 불안한 모양을 나타낸다. '안절부절 못하다'는 뜻. 「どんどん」은 어떤 일이 빠르게 진행되는 모습을 나타낸다. 참고로 「だんだん」은 '차츰차츰' '점차' 의 뜻으로 「どんどん」보다는 속도가 느린 모습을 나타낸다. 정답 そわそわ

---

06. ▶ 彼はすみません、と何度も言いながら、頭をぺこぺこ下げた。

그는 죄송합니다, 하고 몇 번이나 말하면서 굽실굽실 고개를 숙였다.

▷ 誰にでも(ぺこぺこ・とぼとぼ)頭を下げるような人は信用できない。

누구한테나 굽실대는 사람은 신용할 수 없다.

※ 머리를 자꾸 숙이는 모습. 마이너스 이미지가 있다. '배(おなか)' 와 같이 쓰면 배가 고프다는 뜻. 정답 ぺこぺこ

---

07. ▶ 時間がないのに、レストランでなかなか料理がでてこなくて本当にいらいらした。

시간이 없는데, 레스토랑에서 너무 요리가 안 나와서 정말 짜증났다.

▷ 急いでいるのに渋滞でまったく車が動かなくなってしまい、(のろのろ・いらいら)した。

급한데, 정체로 차가 꿈쩍도 하지 않아 짜증났다.

※ '신경질 나다'는 뜻. 「のろのろ」(어슬렁어슬렁)는 동작이 느린 모습. 정답 いらいら

---

08. ▶ 会社を辞めた後も、前の同僚とはちょくちょく会っている。

회사를 그만둔 뒤에도, 이전 동료와는 자주 만나고 있다.

▷ 学生時代の親友とは、今でも(ちょくちょく・ちやほや)連絡を取り合っている。

학창시절의 친구와는 지금도 자주 연락을 주고 받고 있다.

※ 아주 빈번한 모습. 「ちやほや」는 응석을 받아주며 추어 올려주는 모습. 정답 ちょくちょく

---

09. ▶ 私が反対意見を述べると、部長はかんかんになって怒った。

내가 반대의견을 말하자, 부장님은 노발대발 화를 내셨다.

▷ 妹が電話もしないで外泊したので、父は（つんつん・かんかん）に怒った。

여동생이 전화도 하지 않고 외박을 해서, 아버지는 노발대발 화를 내셨다.

※ 매우 화가 난 모습. 「つんつん」(뚱하게)은 화를 내거나 점잖은 체하며 무뚝뚝하게 행동하는 모습. 정답 かんかん

---

10. ▶ 雨が降ると、昔大けがをしたところがずきずき痛む。

비가 오자, 예전에 크게 다쳤던 곳이 콕콕 쑤신다.

▷ 昨日、酒を飲みすぎたので、今朝は頭が（ずきずき・どきどき）する。

어제 과음을 해서, 오늘 아침은 머리가 지끈지끈 한다.

※ '콕콕'. '지끈지끈' 등 환부가 맥박이 뛰는 것에 맞추어 아픈 것. 「どきどき」(두근두근) 는 긴장 등으로 심장이 빨리 뛰는 모습. 정답 ずきずき

1급 외래어 핵심노트

▶는 대표예문. ▷는 괄호 안의 표현 중 적당한 표현을 고르는 문제입니다.

01. ▶ 急ぐのなら、船便よりエアメールで送った方がいいよ。

급하면, 선편보다 항공편으로 보내는 것이 좋아.

▷ 外国に住んでいる友達から、きれいな封筒で(エアメール・テレックス)が届いた。

외국에 살고 있는 친구로부터, 예쁜 봉투로 항공우편이 도착했다.

※ 「エアメール」는 「航空便」(항공우편)을 말한다. 반대로 '선편'은 船便(ふなびん). 「エア」는 원래 '공기'란 뜻인데, 조어로서, '항공' 또는 '방송'이란 뜻을 나타낸다. エアバス : 중단거리용 대형여객기 エアポート : 공항 オンエア : 방송 중 정답 エアメール

02. ▶ 体にもサイクルがあるのだから、いつも元気というわけにはいかないでしょう。

신체에도 사이클이 있기 때문에, 늘 건강할 수는 없겠죠.

▷ 流行は、一定の(シナリオ・サイクル)で繰り返している。

유행은, 일정한 사이클로 반복되고 있다.

※ 「周期」(주기)란 뜻. 「繰り返す」(반복하다)라는 말에 주목. 정답 サイクル

03. ▶ どんな職場にも多少のトラブルはあるものだ。

어떤 직장에도 다소의 트러블은 있기 마련이다.

▷ 彼は怒りっぽいので、人間関係の(ノイローゼ・トラブル)が絶えない。

그는 화를 잘 내기 때문에, 인간관계의 트러블이 끊이지 않는다.

※ 「トラブル」(트러블)은 발음에 주의. 「ノイローゼ」는 '노이로제'(신경쇠약증). 정답 トラブル

04. ▶ 彼女の説明はポイントをおさえていてとてもわかりやすい。

그녀의 설명은 포인트를 잘 잡아서 아주 알기가 쉽다.

▷ 上司の信頼を得られるかどうかは会社生活を送る上で大きな(タイミング・ポイント)だ。

상사의 신뢰를 얻을 수 있느냐 없느냐는 회사 생활을 할 때 큰 문제다.

※ 「タイミング」(타이밍)은 시기적인 것. 정답 ポイント

05.

▶ これは、先生から山田さんに送るメッセージです。

이것은 선생님이 야마다 씨에게 보내는 메시지입니다.

▷ 留守番電話になっていたので、(メッセージ・インフォメーション)を残しておいた。

자동응답 전화로 되어 있어서, 메시지를 남겨두었다.

※ 「伝言」이란 뜻. 여기서 「インフォメーション」(인포메이션)으로 하면 뜻이 통하지 않는다. 참고로, '약속'이란 뜻으로 「アポ」(アポイントメント의 준말)란 단어도 알아두자. 정답 メッセージ

06.

▶ 本番にはベストの状態で臨みたいみたいみたい。

실전에서는 베스트 상태로 임하고 싶다.

▷ 試合には負けたが、(ファイト・ベスト)を尽くしたので悔いはない。

시합에는 졌지만, 최선을 다했기에 후회는 없다.

※ 「最善を尽くす」(최선을 다하다)도 많이 쓰인다. 참고로 「파이팅!」은 「ファイト！」라고 한다. 정답 ベスト

07.

▶ 全体的にルーズな感じのファッションが流行っている。

전체적으로 루즈한 느낌의 패션이 유행하고 있다.

▷ 彼女はいい人だが、時間に(オーバー・ルーズ)なところが欠点だ。

그녀는 좋은 사람이지만, 시간에 루즈한 것이 결점이다.

※ loose(헐거운, 풀린)에서 온 말로, 「だらしない」(칠칠치 못하다)란 뜻으로 많이 쓰는 말이다. 「流行する」 「流行る」둘 다 '유행하다'의 뜻이다. 정답 ルーズ

08.

▶ 彼はジャンルにこだわらず、たくさんの本を読んでいるようだ。

그는 장르를 따지지 않고, 많은 책을 읽고 있는 것 같다.

▷ 音楽なら演歌でも、ポップスでも(ジャンル・ミュージック)を問わず好きです。

음악이라면 엔카나, 대중가요나 장르를 가리지 않고 좋아합니다.

※ 「種類」(종류)란 뜻. 「音楽」라는 말 때문에 성급하게 판단하지 않도록. 「～を問わず」(～을 묻지 않고, 가리지 않고) 구문도 자주 쓰이는 표현이다. 정답 ジャンル

09.

▶ 日曜日の横浜は若いカップルでいっぱいだった。

일요일의 요코하마는 젊은 커플들로 가득했다.

▷ あの二人は結婚するらしい。なかなかお似合いの(ペア・カップル)だね。

저 두 사람은 결혼할 모양이야. 상당히 잘 어울리는 커플이야.

※ **夫婦**(부부), **恋人**(연인) 등을 「**カップル**」(커플)이라고 한다. 「**ペア**」는 단순히 '두 사람', '두 개' 또는 '짝(세트)'이란 뜻. 정답 **カップル**

---

10. ▶ どの書店でも、ベストセラーのコーナーは目立つところにある。

어느 서점에서도 베스트셀러 코너는 눈에 띄는 곳에 있다.

▷ タオルは5階の家庭用品(コーナー・デパート)にございます。

타올은 5층 가정용품 코너에 있습니다.

※ 백화점에서 안내할 때 쓰는 말이다. 「**コーナー**」는 「**売り場**」(매장)이란 뜻. 정답 **コーナー**

필수 암기 부사

{1. 여러 가지 품사를 꾸미는 부사}

① 동사나 형용사를 수식하는 부사

急に	…	갑자기	大分	…	꽤, 상당히
たいへん	…	매우, 대단히	たくさん	…	많이
やっと	…	겨우	ゆっくり	…	천천히

② 뒤에 오는 말이 정해져 있는 부사(호응구)

けっして～ません	…	결코 ～부정	ぜんぜん～ない	…	전혀 ～부정
とても～ない	…	도저히 ～부정	とうてい～ない	…	도저히 ～부정
たとえ～ても	…	비록 ～하더라도	まるで～のように	…	마치 ～같다
おそらく～だろう	…	아마 ～일 것이다	まさか～ないでしょう	…	설마 ～않겠지

③ 명사를 수식하는 부사

すぐ	…	바로	たった(わずか)	…	겨우
もっと	…	좀더	ずっと	…	훨씬

④ 부사를 수식하는 부사

もっと	…	좀더	ずっと	…	훨씬

⑤ 형용사가 부사로 바뀐 경우

はやい	…	はやく(빨리)	いい(よい)	…	よく(잘, 자주)
きれいだ	…	きれいに(깨끗하게, 예쁘게)			

※「엉망」에 관한 표현들

むちゃくちゃ : むちゃ를 더욱 강조한 표현. 당치 않다. ※むちゃくちゃな意見 말도 안되는 의견

めちゃくちゃ : 엉망으로 널려 있는 모습. 엉망징창. ※順序がめちゃくちゃになっている。 순서가 엉망이다.

ごちゃごちゃ : 사람이나 물건 등이 어지럽게 뒤섞여 있는 모습. ※ごちゃごちゃにするな。 어지럽히지 마라.

ぐちゃぐちゃ : 종이를 막 구기거나 하는 모양. 망가지거나 젖거나 해서 엉망인 모양. 쭈글쭈글.

　　　※紙をぐちゃぐちゃにしている。 종이를 구기고 있다.

　　　※船便で荷物を送ったらぐちゃぐちゃになっていた。 선편으로 짐을 보냈더니 엉망이 되어 있었다.

{2. 의성어, 의태어, 모양을 나타내는 말}

① 울음소리

えんえん	…	엉엉(아이가 우는 소리. あんあん이라고도 한다.)	

おぎゃあおぎゃあ	…	응애응애(애기가 우는 소리)
さめざめ	…	눈물을 줄줄 흘리면서 우는 것.
しくしく	…	훌쩍훌쩍
めそめそ	…	흑흑(소리를 내지 않고 우는 것)
わんわん	…	엉엉(큰 소리로 우는 것)

② 화난 모습

かっと	…	발끈
かんかん	…	노발 대발
ぷんぷん	…	화가 나서 씩씩거리는 모습
むかむか (する)	…	화가 나다, 울컥하다

③ 통증

がんがん	…	머리를 한대 얻어맞은 것 처럼 띵 하고 아픈 것
きりきり	…	따끔따끔(속이 쓰리고 아플 때)
ずきずき	…	머리가 지끈지끈 아프거나 허리 등이 욱신욱신 아픈 모양
ちくちく	…	바늘 같은 것으로 찔린 것 같은 고통. 바늘로 콕콕 쑤시듯 아픈 모양
ひりひり	…	화상 등으로 피부가 따갑고 아픈 것

④ 비

ざあざあ	…	쏴아쏴아, 주룩주룩(비가 아주 많이 내리는 모양)
しとしと	…	비가 조용히 내리는 모습
ぱらぱら	…	비가 조금씩 내리는 모습(내리기 시작할 때)

⑤ 피부

ざらざら	…	만졌을 때의 감촉이 부드럽지 않고 조그맣게 오돌토돌 튀어나온 것이 있는 느낌.
すべすべ	…	들어가거나 나온 것이 없이 전체가 윤기가 있는 것
つるつる	…	맨들맨들(매끄러운 피부), 매끈매끈(표면에 튀어나온 것이나 걸리는 것 없이)
てかてか	…	윤기있는 피부
べとべと	…	끈적끈적한 느낌

⑥ 감정

いやいや	…	마지못해, 싫지만 할 수 없이
いらいら	…	초조해 하거나 신경질적인 모습
うきうき	…	마음이 들떠 있는 것
おどおど	…	주저주저, 쭈뼛쭈뼛(공포, 긴장, 불안으로 침착하지 못한 모습)
くよくよ	…	끙끙(사소한 일에 걱정하고 고민하는 모습)

しぶしぶ	…	마지못해
どきどき	…	두근두근(긴장하거나 무서울 때)
はらはら	…	조마조마한 모습
わくわく	…	두근두근(설레이는 모습)

⑦ 그밖에

きらきら	…	반짝반짝
ぎらぎら	…	번쩍번쩍(탁음이 되면 청음보다 약간 무거운 느낌이 든다.)
にこにこ	…	싱글벙글
にやにや	…	히죽히죽
とぼとぼ	…	터벅터벅(걸음)
ぺらぺら	…	술술(능숙하게 말하는 것)
ぺこぺこ	…	꼬르륵(배가 고를 때)
くるくる	…	뱅글뱅글(작은 느낌)
ぐるぐる	…	빙글빙글, 빙빙(큰 느낌)
ころころ	…	데굴데굴(작은 느낌)
ごろごろ	…	데굴데굴(무거운 느낌), 빈둥빈둥

{3. 최근 일상생활에서 자주 쓰는 외래어}

リストラ	…	구조조정	ハイテク	…	하이테크, 신기술
コネ	…	연줄	セクハラ	…	성희롱(sexually harassed)
マザコン	…	마더콤플렉스	プレゼン	…	프리젠테이션
ハンデ	…	핸디캡, 불리한 조건	マンネリ	…	매너리즘
エコ	…	친환경	ギャラ	…	개런티, 월급
セレブ	…	저명인(celebrity)	カンパする	…	모금하다
レントゲン	…	엑스레이(X-ray)	カンニング	…	컨닝
アットホーム (な)	…	가정적인	ラフ (な)	…	러프한, 꼼꼼하지 않은
タイト (な)	…	타이트한	デリケート(な)	…	섬세한
ノルマ	…	노르마(할당된 업무량)	トラウマ	…	트라우마(심적외상후 스트레스장애)
バリアフリ	…	문턱이 없는(barrier-free)	ブランド	…	명품
プレッシャー	…	압력	ギャップ	…	갭(gap), 차이, 간격
ニート	…	일도 하지 않고, 학교도 가지 않고, 훈련도 받지 않는 젊은이(Not in Employment, Education or Training)			

유형별 어휘문제 66

「A」 접속사

1. ここの会社は上等な物しか使わない。＿＿＿＿＿＿＿＿ 値段も高くなるのである。
   ① ところが ② しかし ③ したがって

2. A：「なんで目を閉じたの?」　B：「＿＿＿＿＿＿＿怖いんだもの。」
   ① だって ② じゃあ ③ おまけに

3. 先月、姉の子供、＿＿＿＿＿＿＿甥が生まれたんです。
   ① それに ② ところで ③ つまり

4. この肉は大きすぎて食べにくい。＿＿＿＿＿＿＿小さく切ることにした。
   ① だけど ② そこで ③ そのうえ

5. ＿＿＿＿＿＿＿みんな集まったようなので会議を始めましょう。
   ① さて ② それで ③ だが

6. A：「あそこのおすしどうだった。」
   B：「まずかった。＿＿＿＿＿＿＿値段も高かったんだ。」
   ① だって ② しかも ③ それなら

7. 来賓の皆様＿＿＿＿＿＿＿保護者の皆様、ご起立をお願い致します。
   ① いわゆる ② ちなみに ③ ならびに

8. 私が見る限りでは、彼は彼女の兄＿＿＿＿＿＿＿弟のようだ。
   ① いわゆる ② ないし ③ かつ

9.　彼は映画俳優であり、＿＿＿＿＿＿＿＿＿＿画家としても活動している。

　　① かつ　　　　　　　　② ゆえに　　　　　　　　③ ないし

10.　晴天が続き、明日も行楽日和かと思われた。＿＿＿＿＿＿＿＿＿＿天気はくずれた。

　　① それゆえ　　　　　　② もしくは　　　　　　　③ しかしながら

11.　彼女から子供をとったら、＿＿＿＿＿＿＿＿＿＿もぬけの殻（から）である。

　　① あるいは　　　　　　② いわば　　　　　　　　③ ゆえに

12.　結婚を望まない女性が増えている。＿＿＿＿＿＿＿＿＿＿私の友達の7割が30歳を過ぎても独身である。

　　① ちなみに　　　　　　② いわゆる　　　　　　　③ ならびに

B 부사

1. 開店と同時に多くの客が＿＿＿＿＿＿押し寄せた。
   ① じっと　　　　　② どっと　　　　　③ ざっと

2. 彼女は幽霊のように＿＿＿＿＿＿と現れた。
   ① すっと　　　　　② ざっと　　　　　③ じっと

3. 前に座っている人が、私のことを＿＿＿＿＿＿見つめる。
   ① ざっと　　　　　② すっと　　　　　③ じっと

4. ＿＿＿＿＿＿数えて150くらいだろう。
   ① ざっと　　　　　② じっと　　　　　③ すっと

5. 病気になった時、＿＿＿＿＿＿健康のありがたさを実感した。
   ① しみじみ　　　　② ほうぼう　　　　③ はきはき

6. 彼女と話をすると、＿＿＿＿＿＿自分の愚かさを感じさせられる。
   ① ざっと　　　　　② ずっと　　　　　③ つくづく

7. ＿＿＿＿＿＿探したが同じデザインの物はどこにもなかった。
   ① つくづく　　　　② ほうぼう　　　　③ どっと

8. 彼女は誰の質問に対しても＿＿＿＿＿＿と答える。
   ① しみじみ　　　　② はきはき　　　　③ ほうぼう

9. 計算が＿＿＿＿＿＿合うまで何度も何度もやり直さなければならない。
   ① じっくり　　　　② そっくり　　　　③ ぴったり

10. 箱を開けてみると、箱いっぱいに＿＿＿＿＿＿ゼリーが詰まっていた。
　　① ぎっしり　　　　　　② そっくり　　　　　　③ すっかり

11. 教科書を＿＿＿＿＿＿暗記して試験に臨んだが、同じ問題は一つも出なかった。
　　① うっかり　　　　　　② そっくり　　　　　　③ じっくり

12. 急がずに＿＿＿＿＿＿考えて結論を出すと良い。
　　① ぎっしり　　　　　　② すっかり　　　　　　③ じっくり

13. ＿＿＿＿＿＿薬を飲むのを忘れた。
　　① うっかり　　　　　　② ぴったり　　　　　　③ そっくり

14. 5年前に勉強した英語も＿＿＿＿＿＿忘れてしまった。
　　① すっかり　　　　　　② ぎっしり　　　　　　③ ぴったり

15. 少しスピードを上げるから＿＿＿＿＿＿つかまってて。
　　① こっそり　　　　　　② しっかり　　　　　　③ くっきり

16. 一つしか残ってないケーキを誰にも見つからないように＿＿＿＿＿＿食べた。
　　① こっそり　　　　　　② ぐっすり　　　　　　③ てっきり

17. 会社の課長は毎日5時＿＿＿＿＿＿に退勤する。
　　① きっぱり　　　　　　② めっきり　　　　　　③ きっかり

18. 悪徳業者の甘い勧誘を＿＿＿＿＿＿断った。
　　① くっきり　　　　　　② きっぱり　　　　　　③ ばったり

19. 夏の山や雲は、色鮮やかで＿＿＿＿＿＿見えるのでとてもきれいだ。
　　① めっきり　　　　　　② じっくり　　　　　　③ くっきり

20. 恋をしている彼女は、最近___________きれいになった。

① めっきり　　　② しっかり　　　③ きっかり

21. 森さんはまだ東京にいたのか。___________田舎に帰ったものと思っていた。

① くっきり　　　② てっきり　　　③ すっかり

22. 買い物をしにデパートに行ったら___________昔の級友に会った。

① ばったり　　　② じっくり　　　③ ぎっしり

23. 昨日___________眠ったので、体が軽くなったような感じがする。

① きっぱり　　　② じっくり　　　③ ぐっすり

24. 私に出来ることがありましたら___________お申し付け下さい。

① なんで　　　② なんなりと　　　③ まして

25. ___________今日は嫌な予感がする。

① まさに　　　② どうか　　　③ なんだか

26. ___________彼に限ってそんな事をするはずが…。

① まして　　　② まさか　　　③ どうやら

27. 玄人にとっても容易な事ではないんだ。___________素人には絶対無理だ。

① かねて　　　② まして　　　③ さぞ

28. どんなに頑張って勉強しても___________一番になることはない。

① どうせ　　　② いざ　　　③ まさか

29. ___________から約束していた通り、彼の作品の一つを譲ってもらった。

① いまにも　　　② いまさら　　　③ かねて

30. 息子さんが一流大学に合格して、ご両親は＿＿＿＿＿＿＿＿＿＿お喜びのことでしょう。
　　① さも　　　　　　　　② さぞ　　　　　　　　③ まして

31. 面接のために覚えた事も、＿＿＿＿＿＿＿＿＿＿面接官を前にすると全部忘れてしまうものだ。
　　① いざ　　　　　　　　② かえって　　　　　　③ さぞ

32. 大通りで喧嘩している人を＿＿＿＿＿＿＿＿＿＿見かける。
　　① しぶしぶ　　　　　　② しばしば　　　　　　③ かえって

33. 好き嫌いはダメだと母親に叱られ、嫌いなニンジンを＿＿＿＿＿＿＿＿＿＿食べた。
　　① しばしば　　　　　　② なんだか　　　　　　③ しぶしぶ

34. ＿＿＿＿＿＿＿＿＿＿泣き出しそうな顔だ。
　　① いまにも　　　　　　② いまさら　　　　　　③ いざ

35. 昔付き合っていた彼が＿＿＿＿＿＿＿＿＿＿忘れられない。
　　① いまさら　　　　　　② いまだに　　　　　　③ かねて

36. 長年思い続けてきた夢が＿＿＿＿＿＿＿＿＿＿実った。
　　① ついに　　　　　　　② にわかに　　　　　　③ つい

37. 子供に恵まれなかった夫婦が＿＿＿＿＿＿＿＿＿＿子供を授かった。
　　① もっぱら　　　　　　② ようやく　　　　　　③ たしか

38. おいしいお刺身を食べさせたいと、ここから3時間もかかる所に＿＿＿＿＿＿＿＿＿＿連れて行ってくれた。
　　① わざわざ　　　　　　② 結局　　　　　　　　③ もっぱら

39. 甘い物に目がない私は、ケーキを見ると＿＿＿＿＿＿手が出てしまう。

　　① やっと　　　　　　　② わざわざ　　　　　　③ つい

40. ＿＿＿＿＿＿あの人が隣の部屋に引っ越して来た人だと思う。

　　① たぶん　　　　　　　② わざわざ　　　　　　③ つい

41. かねてから留学したいと思っていたので、＿＿＿＿＿＿アルバイトをしてお・を貯めた。

　　① ひたすら　　　　　　② わざわざ　　　　　　③ ようやく

42. 酒に酔った友達が＿＿＿＿＿＿大声で叫んだので、周りにいた人々の注目の的となった。

　　① いきなり　　　　　　② ようやく　　　　　　③ ふと

1.　大人げない彼の行動に誰もが＿＿＿＿＿＿いる。

　　① あきて　　　　　　② あきれて　　　　　③ あきらめて

2.　家族の写真を見る度、田舎の＿＿＿＿＿＿な風景が思い出される。

　　① はるか　　　　　　② のどか　　　　　　③ ゆたか

3.　運動会の100M走で＿＿＿＿＿＿になった。

　　① びり　　　　　　　② びら　　　　　　　③ びん

4.　先生の合図と同時に全員＿＿＿＿＿＿走り出した。

　　① 一心に　　　　　　② 一挙に　　　　　　③ 一斉に

5.　彼女は＿＿＿＿＿＿よく仕事をこなしていく。

　　① 手際　　　　　　　② 手軽　　　　　　　③ 手頃

6.　健康の事を考えて、タバコを吸いすぎないように＿＿＿＿＿＿。

　　① 心当たり　　　　　② 心掛ける　　　　　③ 心細い

7.　生活＿＿＿＿＿＿をし、規則正しい生活をした方が良い。

　　① 改正　　　　　　　② 改善　　　　　　　③ 改良

8.　免許証＿＿＿＿＿＿の通知が家に届いた。

　　① 変化　　　　　　　② 変更　　　　　　　③ 更新

9.　＿＿＿＿＿＿絶する美しさに、観客全員が彼女の捕虜になった。

　　① 推測を　　　　　　② 想像を　　　　　　③ 予測を

10. 両国の首脳＿＿＿＿＿が、今月末首都ソウルで開かれる。
    ① 会談　　　　　　　② 面会　　　　　　　③ 面接

11. 化合物を元素に＿＿＿＿＿してみる。
    ① 分析　　　　　　　② 分解　　　　　　　③ 分離

12. ミスコンテストの＿＿＿＿＿員席には、たくさんの著名人が顔を並べている。
    ① 検査　　　　　　　② 審査　　　　　　　③ 調査

어휘 (동사·형용사·동작성명사)

※ 次の文の＿＿＿＿＿の部分に入れるのに最も適当なものを、1·2·3·4から一つ選びなさい。

1. 母はとても太っているので、なかなかサイズが＿＿＿＿＿服がない。
   ① 似合う　　　② 合う　　　③ 当たる　　　④ ふさわしい

2. 「デジカメ」とはデジタルカメラを＿＿＿＿＿言葉だ。
   ① 略した　　　② 訳した　　　③ 省いた　　　④ 省略した

3. 恋人に結婚を＿＿＿＿＿が、まだ返事をもらえない。
   ① 申告した　　　② 申し込んだ　　　③ 申し出た　　　④ 届け出た

4. 本を＿＿＿＿＿下さい。これからテストをします。
   ① 閉じて　　　② ふさいで　　　③ 閉めて　　　④ おおって

5. 大地震に＿＿＿＿＿、非常用の食料を買った。
   ① 備えて　　　② 準備して　　　③ 応じて　　　④ 対して

6. 取引先の社長を＿＿＿＿＿するため、高級レストランを予約した。
   ① 応接　　　② 応対　　　③ 対応　　　④ 接待

7. 会社の研修で、工場の設備を＿＿＿＿＿した。
   ① 見物　　　② 見学　　　③ 観覧　　　④ 観察

8. 最近は＿＿＿＿＿も果たさず、権利ばかり主張する人が多い気がする。
   ① 資格　　　② 権限　　　③ 義務　　　④ 権力

9. 夏になり、__________に肌を露出した女性が目立つ。

    ① 大胆   ② 大柄   ③ 大げさ   ④ 大股

10. アルバイトもいいが、勉強が__________にならないようにしなさい。

    ① おろそか   ② いきなり   ③ おろか   ④ そろそろ

11. 手持ちのお金が1,000円しか__________、買いたいものが買えなかった。

    ① 足りなくて   ② 少なくて   ③ なくて   ④ 貧乏で

12. 震度4の地震があり、このビルもかなり大きく__________。

    ① ふるえた   ② ゆれた   ③ 動いた   ④ 建った

13. 毎朝、電気かみそりでひげを__________いる。

    ① 切って   ② そって   ③ 刈って   ④ 削って

14. どろぼうに入られたり、大けがをしたり、彼は本当に__________が悪い人だ。

    ① 運   ② 運命   ③ 気   ④ 気分

15. お宅の__________はどちらにお勤めですか。

    ① 父   ② 新郎   ③ 夫   ④ ご主人

16. うちの子は__________で、いつも生傷が絶えない。

    ① 物静か   ② お天気や   ③ わんぱく   ④ 人見知り

17. 今月の__________は、前年同月比を上回った。

    ① 売り出し   ② 売り切れ   ③ 売りかけ   ④ 売り上げ

18.　いろいろな人が集まるパーティーなどでは、政治と宗教の話題は＿＿＿＿＿方が良
　　いと言われている。

　　① さけた　　　　　② とった　　　　　③ どけた　　　　　④ よけた

19.　彼女は人目も＿＿＿＿＿、大声で泣き始めた。

　　① ふらず　　　　　② 見せず　　　　　③ 持たず　　　　　④ はばからず

20.　あの二人が交際していることは、＿＿＿＿＿の秘密だ。

　　① 公　　　　　　　② 公共　　　　　　③ 公私　　　　　　④ 公然

어휘 (カタカナ)

※ 次の文の＿＿＿＿＿の部分に入れるのに最も適当なものを、1·2·3·4から一つ選びなさい。

1. この店は、＿＿＿＿＿に富んだ品揃えで人気がある。
   ① エネルギー　　　② バイタリティ　　　③ オリジナル　　　④ バラエティ

2. 会社の業績が悪く、今年も賃金＿＿＿＿＿は望めそうもない。
   ① アップ　　　② オーバー　　　③ レート　　　④ プラス

3. やっと念願のマイホームを手に入れたが、これから毎月の＿＿＿＿＿の支払いが大変だ。
   ① リース　　　② レンタル　　　③ ローン　　　④ リサイクル

4. 大きな事件に遭った子どもたちには、心の＿＿＿＿＿が必要だ。
   ① サービス　　　② ケア　　　③ トラウマ　　　④ レジャー

5. 同期入社の鈴木さんとは、お互い＿＿＿＿＿な話もできる、気の合った友人同士だ。
   ① デリカシー　　　② プライバシー　　　③ エチケット　　　④ プライベート

6. あの女優が芸能界に入ったきっかけは、街で事務所の人に「タレントになりませんか」と＿＿＿＿＿されたことだという。
   ① スカウト　　　② デビュー　　　③ チャレンジ　　　④ スクープ

7. インターネットが普及したおかげで、遠くに住む友達ともしょっちゅう＿＿＿＿＿のやり取りをして、近況を知らせあっている。
   ① レター　　　② アドレス　　　③ メール　　　④ コンピューター

8. 10キロも＿＿＿＿＿したという彼女は、だいぶほっそりして見える。
   ① メニュー　　　② ダイエット　　　③ グルメ　　　④ スポーツ

9.　外国語を＿＿＿＿＿＿するのは、そう簡単な事ではない。
　　① ベスト　　　　　② マスト　　　　　③ マスター　　　　　④ ベース

10.　家で洗えない服は＿＿＿＿＿＿に出している。
　　① コンビニエンス　② ディスカウント　③ カウンセリング　④ クリーニング

11.　夏休みは家族で高原に＿＿＿＿＿＿に行く予定だ。
　　① キャンプ　　　　② パート　　　　　③ イベント　　　　　④ シーズン

12.　慣れない共同生活で、＿＿＿＿＿＿がたまる。
　　① ストライク　　　② ストレス　　　　③ スランプ　　　　　④ スパイス

13.　あの投手の球は、それほど速くはないが＿＿＿＿＿＿がいい。
　　① スピード　　　　② ピッチャー　　　③ コントロール　　　④ ホームラン

14.　今日は、「40代からの健康」を＿＿＿＿＿＿に、鈴木教授にお話しいただきます。
　　① テーマ　　　　　② プロ　　　　　　③ モットー　　　　　④ テープ

15.　観客からの＿＿＿＿＿＿に応え、その歌手は最後にヒット曲を熱唱した。
　　① リサイタル　　　② コンサート　　　③ アンケート　　　　④ アンコール

어휘 (다양한 의미를 갖는 말)

※ 次の＿＿＿＿＿＿の言葉の意味が、それぞれのはじめの文と最も近い意味で使われている文
を、1・2・3・4から一つ選びなさい。

（例）　むく　……　正面をむいてこの椅子にすわって下さい。

　　　① 5歳ぐらいの女の子にむいた本を探しています。

　　　② 磁石の針は北をむくのだから、こっちが北だろう。

　　　③ 1週間の入院で父の病気も快方にむいたようだ。

　　　④ 南にむいた日当たりの良い家を建てるのが長年の夢だ。

1.　　きく ……　わからなかったら先生にきいてみなさい。

　　　① あの人は気がきく人だ。

　　　② この曲は前にきいたことがある。

　　　③ この薬は高いだけあって、よくききます。

　　　④ 交番で道をきいた。

2.　　かたまる ……　日程がかたまったら連絡します。

　　　① このコンピュータ、よくかたまるんです。

　　　② これで今回のメンバーがほぼかたまった。

　　　③ 留学したら、同じ国の者同士でかたまるのは損だ。

　　　④ 冷蔵庫に入れれば、30分くらいでかたまります。

3.　　まける ……　「まけるが勝ち」といいます。

　　　① かみそりにまけて肌が荒れた。

　　　② 高いですね。ちょっとまけてもらえませんか。

　　　③ 夏まけして、やせてしまった。

　　　④ あんな弱い相手にまけるとは思わなかった。

4.　とる …… 友達の肩にゴミがついていたので、<u>とって</u>あげた。

　　① 勉強して、会計士の資格を<u>とった</u>。

　　② 手術して、顔のほくろを<u>とった</u>。

　　③ すみませんが、そこの塩を<u>とって</u>ください。

　　④ 明日の晩の指定席を2枚<u>とった</u>。

5.　きる …… 夏なので、髪を短く<u>きる</u>つもりだ。

　　① 緊張しながら手紙の封を<u>きった</u>。

　　②「失礼します。」と言って電話を<u>きった</u>。

　　③ きゅうりは、うすく<u>きって</u>ください。

　　④ 彼とは5年前に縁を<u>きった</u>。

6.　まわる …… 飛行機に乗っているときお酒を飲むと早くまわる。

　　① 準備しているうちに、時間は12時を<u>まわった</u>。

　　② 選手は、第3コーナーを<u>まわった</u>。

　　③ こまがくるくると<u>まわる</u>。

　　④ このヘビにかまれると、あっという間に全身に毒が<u>まわる</u>。

7.　かける …… 命を<u>かけた</u>恋にやぶれてしまった。

　　① この料理には塩を<u>かけて</u>食べてください。

　　② 野球に青春を<u>かけた</u>。

　　③ できるものなら、あなたの所へ<u>かけて</u>行きたい。

　　④ どうぞ、その椅子に<u>かけて</u>ください。

8.　味 …… 革のかばんは、長く使うほど<u>味</u>が出てきます。

　　① 上手ではないが、<u>味</u>のある字だ。

　　② 彼は、昔苦労したから貧乏の<u>味</u>を知っている。

　　③ 健康の為には、料理の<u>味</u>は薄くしたほうが良い。

　　④ 母が作った味噌汁の<u>味</u>がなつかしい。

9. あと …… 私の<u>あと</u>についてきてください。

　① 走って行く彼女の<u>あと</u>を、必死においかけた。

　② 今日はもう遅いから、<u>あと</u>は明日やりましょう。

　③ 山田さんと鈴木さんと、<u>あと</u>は誰かわかりません。

　④ 1週間<u>あと</u>に会議を開くことにした。

10. 日 …… この部屋は<u>日</u>が当たらないので暗い。

　① <u>日</u>がたてば、辛かった事も忘れるでしょう。

　② 海に行って来たので、<u>日</u>に焼けた。

　③ 秋になり、だいぶ<u>日</u>が短くなってきた。

　④ その日、その<u>日</u>を精一杯生きることが大事だ。

부록

★어휘력 체크
★정답과 해설

한자

「う」로 끝나는 동사

会う	あう	만나다
合う	あう	맞다
扱う	あつかう	취급하다, 다루다
洗う	あらう	씻다
争う	あらそう	싸우다
祝う	いわう	축하하다
失う	うしなう	잃다
疑う	うたがう	의심하다
奪う	うばう	뺏다
占う	うらなう	점치다
追う	おう	따르다
負う	おう	짊어지다
補う	おぎなう	보충하다
行う	おこなう	행하다
襲う	おそう	습격하다
語らう	かたらう	말하다
競う	きそう	겨루다
飼う	かう	기르다
通う	かよう	다니다
·通る	とおる	지나다, 통과하다
食う	くう	먹다
·食べる	たべる	먹다
狂う	くるう	돌다, 미치다
逆らう	さからう	역행하다
誘う	さそう	꾀다
従う	したがう	따르다
救う	すくう	구조하다
沿う	そう	연하다, 따르다
損なう	そこなう	파손하다
揃う	そろう	갖추어지다
戦う	たたかう	싸우다
闘う	たたかう	전투하다
漂う	ただよう	떠다니다
誓う	ちかう	맹세하다
違う	ちがう	다르다
償う	つぐなう	배상하다
問う	とう	묻다
伴う	ともなう	동반하다
習う	ならう	배우다

匂う	におう	냄새가 나다
担う	になう	메다, 짊어지다
縫う	ぬう	꿰매다, 깁다
願う	ねがう	바라다, 원하다
狙う	ねらう	겨냥하다
呪う	のろう	저주하다
這う	はう	기다
恥らう	はじらう	부끄러워하다
払う	はらう	지불하다
拾う	ひろう	줍다
舞う	まう	춤추다
迷う	まよう	헤매다
向かう	むかう	향하다
貰う	もらう	받다
養う	やしなう	양육하다
雇う	やとう	고용하다
結う	ゆう	매다, 묶다
酔う	よう	취하다
装う	よそおう	장식하다
笑う	わらう	웃다

「く·ぐ」로 끝나는 동사

相次ぐ	あいつぐ	잇따르다
開く	あく	열다
空く	あく	비다
歩く	あるく	걷다
急ぐ	いそぐ	서두르다
浮く	うく	뜨다
動く	うごく	움직이다
描く	えがく	그리다
置く	おく	두다
驚く	おどろく	놀라다
泳ぐ	およぐ	헤엄치다
輝く	かがやく	빛나다
欠く	かく	결핍되다
傾く	かたむく	기울다
·傾ける	かたむける	기울이다
担ぐ	かつぐ	메다, 지다
乾く	かわく	마르다
効く	きく	(약이)듣다
聞く	きく	듣다, 묻다
築く	きずく	건축하다

咲く	さく	피다
割く	さく	찢다, 쪼개다
騒ぐ	さわぐ	떠들다
敷く	しく	깔다
退く	しりぞく	물러나다
退ける	しりぞける	물리치다
好く	すく	좋아하다
·好む	このむ	좋아하다
注ぐ	そそぐ	붓다
背く	そむく	등지다, 어기다
炊く	たく	밥을 짓다
抱く	だく	안다, 포옹하다
·抱く	いだく	껴안다, 둘러싸다
叩く	たたく	때리다
就く	つく	취업하다
着く	つく	도착하다
次ぐ	つぐ	잇따르다
注ぐ	つぐ	붓다, 쏟다
継ぐ	つぐ	잇다
続く	つづく	계속하다
繋ぐ	つなぐ	매어 두다
貫く	つらぬく	꿰뚫다, 관통하다
説く	とく	설명하다
解く	とく	풀다
鳴く	なく	(동물)울다
泣く	なく	(사람)울다
嘆く	なげく	한탄하다
抜く	ぬく	빼다
脱ぐ	ぬぐ	벗다
除く	のぞく	제외하다
覗く	のぞく	엿보다
吐く	はく	토하다
履く	はく	(신을)신다
掃く	はく	쓸다, 비질하다
働く	はたらく	일하다
省く	はぶく	생략하다
弾く	ひく	튕기다
響く	ひびく	울리다
開く	ひらく	열다
·開く	あく	열다
吹く	ふく	불다
拭く	ふく	닦다

塞ぐ	ふさぐ	막다
防ぐ	ふせぐ	방지하다
巻く	まく	감다, 말다
招く	まねく	초대하다
磨く	みがく	닦다, 갈다
導く	みちびく	안내하다
剥く	むく	(껍질을)벗기다
基づく	もとづく	근거하다
焼く	やく	굽다

「す」로 끝나는 동사

表す	あらわす	나타내다
移す	うつす	옮기다
·移る	うつる	바뀌다, 옮기다
写す	うつす	(사진에)찍히다
映す	うつす	비치다
犯す	おかす	범하다
押す	おす	밀다
推す	おす	밀다
下ろす	おろす	내리다, 내려놓다
降ろす	おろす	내려놓다
返す	かえす	돌려주다
帰す	かえす	돌려보내다
欠かす	かかす	빠뜨리다
隠す	かくす	숨기다
貸す	かす	빌려주다
汚す	けがす	더럽히다
消す	けす	지우다
志す	こころざす	뜻을 세우다
越す	こす	넘다
肥やす	こやす	살찌우다
凝らす	こらす	엉기게 하다
転がす	ころがす	구르다
殺す	ころす	죽이다
探す	さがす	찾다
指す	さす	가리키다
差す	さす	비치다
刺す	さす	찌르다
覚ます	さます	깨우다
示す	しめす	나타내다
記す	しるす	표하다
過ごす	すごす	지내다

済ます	すます	끝내다	戻す	もどす	되돌리다
耕す	たがやす	경작하다	催す	もよおす	불러일으키다
出す	だす	내다	漏らす	もらす	누설하다, 흘리다
正す	ただす	바로잡다	許す	ゆるす	허락하다
試す	ためす	시험해보다	汚す	よごす	더럽히다
絶やす	たやす	근절시키다	止す	よす	그만두다
垂らす	たらす	늘어뜨리다	沸かす	わかす	끓이다
散らかす	ちらかす	어지르다	渡す	わたす	건너게 하다
費やす	ついやす	쓰다, 소비하다	渡る	わたる	건너다
尽くす	つくす	다하다			
照らす	てらす	비추다			

「つ」로 끝나는 동사

飛ばす	とばす	날리다
直す	なおす	고치다(수선하다)
治す	なおす	고치다(치료하다)
悩ます	なやます	괴롭게 하다
鳴らす	ならす	소리를 내다
馴らす	ならす	(동물을)길들이다
逃がす	にがす	놓아주다
濁す	にごす	흐리게 하다

「つ」로 끝나는 동사:

打つ	うつ	치다, 때리다
討つ	うつ	치다, 토벌하다
撃つ	うつ	치다, 공격하다
勝つ	かつ	이기다
育つ	そだつ	자라나다
保つ	たもつ	지키다, 보전하다
持つ	もつ	가지다, 들다
分かつ	わかつ	나누다, 가르다

抜かす	ぬかす	빠뜨리다
濡らす	ぬらす	적시다
寝かす	ねかす	재우다
逃す	のがす	놓치다
残す	のこす	남기다
延ばす	のばす	연장하다
励ます	はげます	격려하다
外す	はずす	떼다

「ぶ」로 끝나는 동사

選ぶ	えらぶ	고르다
及ぶ	およぶ	미치다
転ぶ	ころぶ	구르다
叫ぶ	さけぶ	외치다
忍ぶ	しのぶ	참다
並ぶ	ならぶ	늘어서다
運ぶ	はこぶ	옮기다
結ぶ	むすぶ	매다, 묶다
喜ぶ	よろこぶ	기뻐하다

果たす	はたす	(의무를)다하다
放す	はなす	풀어주다
·放る	ほうる	던지다
冷かす	ひやかす	식히다
増える	ふえる	늘다, 증가하다
増やす	ふやす	늘리다
干す	ほす	말리다
増す	ます	불어나다
惑わす	まどわす	현혹시키다
回す	まわす	돌리다
回る	まわる	돌다

「む」로 끝나는 동사

編む	あむ	짜다
危ぶむ	あやぶむ	불안해하다
歩む	あゆむ	걷다, 거쳐오다
営む	いとなむ	경영하다, 일하다
囲む	かこむ	둘러싸다
刻む	きざむ	새기다
組む	くむ	엇걸다, 꼬다
込む	こむ	붐비다
好む	このむ	좋아하다

満たす	みたす	채우다
乱す	みだす	어지럽히다
召す	めす	드시다(경어)
申す	もうす	말씀드리다

沈む	しずむ	가라앉다	宛てる	あてる	닿게 하다, 대다
進む	すすむ	나아가다	浴びる	あびる	끼얹다
住む	すむ	살다, 거주하다	余る	あまる	남다
済む	すむ	끝나다	誤る	あやまる	실수하다, 틀리다
澄む	すむ	맑다	謝る	あやまる	사과하다
企む	たくらむ	꾸미다, 획책하다	改める	あらためる	고치다
畳む	たたむ	개다, 접다	現れる	あらわれる	나타나다
楽しむ	たのしむ	즐기다	荒れる	あれる	거칠어지다
頼む	たのむ	부탁하다	怒る	いかる	화내다, 노하다
縮む	ちぢむ	줄다, 오그라들다	·怒る	おこる	화내다, 노하다
包む	つつむ	싸다, 포장하다	生きる	いきる	살다
積む	つむ	쌓다	至る	いたる	이르다, 당도하다
富む	とむ	넉넉해지다	祈る	いのる	기원하다
悩む	なやむ	고민하다	居る	いる	있다, 존재하다
盗む	ぬすむ	훔치다	要る	いる	필요하다
飲む	のむ	마시다	植える	うえる	심다
望む	のぞむ	바라다	承る	うけたまわる	삼가받다
臨む	のぞむ	면하다, 향하다	受ける	うける	받다
挟む	はさむ	끼우다	訴える	うったえる	소송(고소)하다
弾む	はずむ	튀다	得る	える	얻다
阻む	はばむ	막다, 저지하다	送る	おくる	보내다
潜む	ひそむ	숨다, 잠복하다	贈る	おくる	선사하다
含む	ふくむ	포함하다	遅れる	おくれる	늦다
脹らむ	ふくらむ	팽창되다	怠る	おこたる	게을리하다
踏む	ふむ	밟다	起こる	おこる	일어나다
恵む	めぐむ	은혜를 베풀다	怒る	おこる	화내다, 노하다
揉む	もむ	비비다	収める	おさめる	간수하다, 챙기다
止む	やむ	멎다, 그치다	教える	おしえる	가르치다
病む	やむ	병들다, 앓다	押さえる	おさえる	누르다
歪む	ゆがむ	왜곡되다	恐れる	おそれる	무서워하다
緩む	ゆるむ	느슨해지다	訪れる	おとずれる	방문하다
			·訪ねる	たずねる	묻다

「る」로 끝나는 동사

			劣る	おとる	뒤떨어지다
上がる	あがる	오르다	衰える	おとろえる	쇠약해지다
明ける	あける	날이 새다	踊る	おどる	춤추다
開ける	あける	열다, 펴다	覚える	おぼえる	기억하다
揚げる	あげる	튀기다	降りる	おりる	내리다
挙げる	あげる	(손을) 들다	織る	おる	짜다
預ける	あずける	맡기다	折る	おる	접다
与える	あたえる	주다	変える	かえる	바꾸다, 변화시키다
当たる	あたる	당첨되다	換える	かえる	바꾸다, 교환하다
集まる	あつまる	모이다	替える	かえる	바꾸다, 교체하다

抱える	かかえる	껴안다, 감싸다	答える	こたえる	대답하다
掲げる	かかげる	(높이)달다	異なる	ことなる	다르다
限る	かぎる	한하다	断る	ことわる	거절하다
欠ける	かける	부족하다, 없다	困る	こまる	어려움을 겪다
駆ける	かける	달리다	込める	こめる	채우다
飾る	かざる	꾸미다	籠もる	こもる	틀어박히다
重なる	かさなる	겹쳐지다(자동사)	凝る	こる	엉기다, 얼다
·重ねる	かさねる	겹치다(타동사)	壊れる	こわれる	깨지다
固める	かためる	다지다, 굳히다	遮る	さえぎる	차단하다
偏る	かたよる	기울다	栄える	さかえる	번영하다
語る	かたる	말하다	逆上る	さかのぼる	거슬러 올라가다
兼ねる	かねる	겸하다	下げる	さげる	낮추다, 숙이다
構える	かまえる	차리다, 꾸미다	·下りる	おりる	내리다
借りる	かりる	빌리다	探る	さぐる	더듬어 찾다
刈る	かる	베다, 깎다	避ける	さける	피하다
枯れる	かれる	마르다	裂ける	さける	찢어지다
交わす	かわす	나누다	下げる	さげる	낮추다
·交える	まじえる	섞다	支える	ささえる	떠받치다
代わる	かわる	대신하다	捧げる	ささげる	받들다, 올리다
消える	きえる	사라지다	座する	ざする	연좌되다
期する	きする	기록하다	定まる	さだまる	정해지다
鍛える	きたえる	단련하다	察する	さっする	살피다
来る	きたる	오는, 다가오는	悟る	さとる	깨닫다
清める	きよめる	깨끗이 하다	妨げる	さまたげる	방해하다
極まる	きわまる	극도에 이르다	冷める	さめる	식다
究める	きわめる	끝까지 가다	去る	さる	떠나다
腐る	くさる	썩다	爽やか	さわやか	상쾌함
配る	くばる	나누어주다	触る	さわる	닿다
曇る	くもる	흐리다	障る	さわる	방해가 되다
暮れる	くれる	(날이)저물다	強いる	しいる	강요하다
加える	くわえる	더하다, 가하다	叱る	しかる	꾸짖다
企てる	くわだてる	꾀하다	繁る	しげる	우거지다
加わる	くわわる	가해지다	静まる	しずまる	잠잠해지다
汚れる	けがれる	더럽혀지다	辞する	じする	물러나오다
削る	けずる	깎다	縛る	しばる	묶다
煙る	けむる	연기가 나다	絞る	しぼる	짜다
越える	こえる	넘다	·絞める	しめる	조르다
肥える	こえる	살찌다	締まる	しまる	단단하게 죄이다
凍る	こおる	얼다	占める	しめる	차지하다
焦げる	こげる	눋다	湿る	しめる	축축해지다
凍える	こごえる	(몸이)얼다	調べる	しらべる	조사하다
試みる	こころみる	시험해 보다	過ぎる	すぎる	지나가다

進める	すすめる	전진시키다	告げる	つげる	고하다
勧める	すすめる	권하다	伝える	つたえる	전하다
薦める	すすめる	추천하다	綴る	つづる	매다, 철하다
捨てる	すてる	버리다	努める	つとめる	노력하다
即ち	すなわち	즉	繋がる	つながる	이어지다
滑る	すべる	미끄러지다	詰まる	つまる	가득 차다
速やか	すみやか	신속함	詰める	つめる	대기하다
擦る	する	문지르다	釣る	つる	낚다
座る	すわる	앉다	連れる	つれる	동반하다
迫る	せまる	닥치다	説く	とく	설명하다
責める	せめる	꾸짖다	適する	てきする	적합하다
攻める	せめる	공격하다	閉じる	とじる	닫히다.
添える	そえる	첨부하다	届ける	とどける	보내다
育てる	そだてる	키우다	整える	ととのえる	정돈[정비]하다
備える	そなえる	갖추다	唱える	となえる	외다, 읊다
染まる	そまる	물이 들다	止まる	とまる	멈추다
·染める	そめる	물들이다	·止める	やめる	그만두다
剃る	そる	(수염을)깎다	遂げる	とげる	달성하다
堪える	たえる	견디다, 참다	泊まる	とまる	묵다
耐える	たえる	견디다, 참다	留める	とめる	멎게 하다
絶える	たえる	끊기다	捕らえる	とらえる	붙잡다
倒れる	たおれる	쓰러지다	捕る	とる	붙잡다
高まる	たかまる	높아지다	·捕まえる	つかまえる	잡다, 붙잡다
蓄える	たくわえる	비축하다	流れる	ながれる	흐르다
助ける	たすける	구하다, 살리다	慰める	なぐさめる	위로하다
携わる	たずさわる	관여하다	亡くなる	なくなる	사망하다
尋ねる	たずねる	묻다	投げる	なげる	던지다
建てる	たてる	건축하다	撫でる	なでる	쓰다듬다
立てる	たてる	세우다	怠ける	なまける	게으름 피우다
例える	たとえる	예를 들다	滑らか	なめらか	매끈매끈함
溜まる	たまる	괴다	成る	なる	이루어지다
黙る	だまる	입을 다물다	慣れる	なれる	길들다
貯める	ためる	돈을 모으다	煮える	にえる	삶아지다, 익다
散る	ちる	떨어지다	握る	にぎる	(주먹을) 쥐다
通じる	つうじる	통하다	逃げる	にげる	도망치다
支える	つかえる	막히다	似る	にる	닮다
捕まえる	つかまえる	붙잡다	煮る	にる	삶다, 끓이다
疲れる	つかれる	피곤하다	任ずる	にんずる	임명하다
尽きる	つきる	다하다	塗る	ぬる	칠하다, 바르다
作る	つくる	만들다	濡れる	ぬれる	젖다
造る	つくる	만들다	寝る	ねる	잠자다
漬ける	つける	담그다	練る	ねる	실을 누이다

残る	のこる	남다
乗せる	のせる	태우다
延びる	のびる	연장되다
伸びる	のびる	자라다, 늘다
述べる	のべる	기술하다
載る	のる	얹히다
乗る	のる	타다
入る	はいる	들어가다
生える	はえる	나다, 자라다
図る	はかる	도모하다
計る	はかる	재다
化ける	ばける	둔갑하다
外れる	はずれる	벗겨지다
離れる	はなれる	떨어지다
跳ねる	はねる	뛰어오르다
嵌める	はめる	끼다
張る	はる	팽팽히 하다
貼る	はる	풀로 붙이다
晴れる	はれる	날씨가 개다
腫れる	はれる	붓다
冷える	ひえる	식다
控える	ひかえる	대기하다
開ける	ひらける	열리다, 트이다
広がる	ひろがる	넓어지다
·広める	ひろめる	범위를 넓히다
更ける	ふける	깊어지다
老ける	ふける	늙다
伏せる	ふせる	숙이다
振る	ふる	흔들다
降る	ふる	(비·눈) 내리다
震える	ふるえる	흔들리다
触れる	ふれる	접촉하다
隔たる	へだたる	멀어지다
減る	へる	줄다
経る	へる	경과하다
吠える	ほえる	짖다
誇る	ほこる	자랑하다
誉める	ほめる	칭찬하다
彫る	ほる	조각하다
掘る	ほる	파다
参る	まいる	가다〈行く〉
任せる	まかせる	맡기다
曲がる	まがる	구부러지다
負ける	まける	지다
曲げる	まげる	구부리다
勝る	まさる	더해지다
交える	まじえる	섞다
混じる	まじる	섞이다
免れる	まぬかれる	면하다
守る	まもる	지키다
丸める	まるめる	둥글게 하다
乱れる	みだれる	흐트러지다
迎える	むかえる	맞이하다
群がる	むらがる	떼 지어 모이다
命ずる	めいずる	명령하다
免ずる	めんずる	면제하다
設ける	もうける	마련하다
儲ける	もうける	벌다
燃える	もえる	싹트다
用いる	もちいる	이용하다
求める	もとめる	구하다, 찾다
盛る	もる	쌓아 올리다
痩せる	やせる	살이 빠지다
破る	やぶる	찢다
敗れる	やぶれる	패하다
遣る	やる	몰다
譲る	ゆずる	물려주다
茹でる	ゆでる	데치다, 삶다
緩める	ゆるめる	완화하다
揺れる	ゆれる	흔들리다
横たわる	よこたわる	눕다
汚れる	よごれる	더러워지다
寄せる	よせる	밀려오다
寄る	よる	다가서다
因る	よる	의하다
利する	りする	이롭다
略する	りゃくする	줄이다
類する	るいする	닮다
論ずる	ろんずる	논하다
別れる	わかれる	헤어지다
分ける	わける	나누다
詫びる	わびる	사죄하다
割る	わる	쪼개다

같은 한자를 쓰는 단어

通う	かよう	다니다
通る	とおる	통과하다
食う	くう	먹다
食べる	たべる	먹다
傾く	かたむく	기울다
傾ける	かたむける	기울이다
好く	すく	좋아하다
好む	このむ	좋아하다
移す	うつす	옮기다
移る	うつる	옮기다
放す	はなす	풀어놓다
放る	ほうる	던지다
怒る	おこる	화내다
怒る	いかる	화내다〈文〉
訪れる	おとずれる	방문하다
訪ねる	たずねる	묻다
交わす	かわす	주고받다
交える	まじえる	섞다
下げる	さげる	낮추다
下りる	おりる	내려오다
絞る	しぼる	쥐어짜다
絞める	しめる	조르다
試す	ためす	시험하여 보다
試みる	こころみる	시도해 보다
抱く	だく	안다
抱く	いだく	껴안다
止まる	とまる	멈추다
止める	やめる	그만두다

형용사

「い」로 끝나는 말

青い	あおい	푸르다
赤い	あかい	빨갛다
明るい	あかるい	밝다
浅い	あさい	얕다(깊이)
熱い	あつい	뜨겁다
暑い	あつい	덥다
厚い	あつい	두껍다
甘い	あまい	달다
荒い	あらい	거칠다

薄い	うすい	얇다(두께)
遅い	おそい	느리다
幼い	おさない	어리다
重い	おもい	무겁다
難い	かたい	어렵다
固い(堅い)	かたい	단단하다
硬い	かたい	단단하다
汚い	きたない	더럽다
臭い	くさい	냄새나다
濃い	こい	진하다
快い	こころよい	상쾌하다
怖い	こわい	무섭다
渋い	しぶい	떫다
酸っぱい	すっぱい	시다
素早い	すばやい	재빠르다
狡い	ずるい	교활하다
鋭い	するどい	날카롭다
正しい	ただしい	바르다
辛い	つらい	괴롭다
苦い	にがい	쓰다
憎い	にくい	밉다
鈍い	にぶい	둔하다
眠い	ねむい	졸리다
細い	ほそい	가늘다
平たい	ひらたい	납작하다
安い	やすい	싸다
緩い	ゆるい	헐렁하다
弱い	よわい	약하다
若い	わかい	젊다

「かい」로 끝나는 말

暖かい	あたたかい	따뜻하다
温かい	あたたかい	따뜻하다
細かい	こまかい	작다
柔らかい	やわらかい	부드럽다

「しい」로 끝나는 말

息苦しい	いきぐるしい	숨막히다
著しい	いちじるしい	현저하다
惜しい	おしい	아깝다
輝かしい	かがやかしい	빛나다

厳しい	きびしい	엄격하다
悔しい	くやしい	억울하다
苦しい	くるしい	괴롭다
·苦い	にがい	쓰다
詳しい	くわしい	자세하다
好ましい	このましい	호감이 가다
寂しい	さびしい	쓸쓸하다
騒がしい	さわがしい	시끄럽다
親しい	したしい	친하다
涼しい	すずしい	시원하다
乏しい	とぼしい	부족하다
激しい	はげしい	격심하다
恥ずかしい	はずかしい	부끄럽다
久しい	ひさしい	오래 되다
等しい	ひとしい	동일하다
貧しい	まずしい	가난하다
眩しい	まぶしい	눈부시다
瑞々しい	みずみずしい	싱싱하다
空しい	むなしい	공허하다
難しい	むずかしい	알기 어렵다
珍しい	めずらしい	드물다
目まぐるしい	めまぐるしい	눈이 어지럽다
易しい	やさしい	쉽다
優しい	やさしい	우아하다
宜しい	よろしい	좋다〈よい〉

ナ형용사

明らか	あきらか	분명함
新たな	あらたな	새로운
細やか	ささやか	아담함
定か	さだか	확실함
速やか	すみやか	신속함
確か	たしか	틀림없음
和やか	なごやか	온화함
懐かしい	なつかしい	그립다
朗らか	ほがらか	명랑한 모양
惨め	みじめ	비참함
最も	もっとも	가장
尤も	もっとも	지당함
安らか	やすらか	태평함
豊か	ゆたか	풍족함

연체사·부사 외

或る	ある	어느
あらゆる		온갖
如何なる	いかなる	어떠한
未だに	いまだに	아직껏
同じ	おなじ	동일함
来る	くる	오는
去る	さる	지난
暫く	しばらく	잠깐
優れる	すぐれる	뛰어나다
直ちに	ただちに	즉시
次いで	ついで	뒤이어
遂に	ついに	마침내
正に	まさに	정말로
全く	まったく	전혀
専ら	もっぱら	오로지

명사

한 글자로 된 단어

間	あいだ·ま	사이
上	うえ	위
上	かみ	위쪽
朝	あさ	아침
麻	あさ	삼베
足	あし	발
味	あじ	맛
汗	あせ	땀
跡	あと	발자국
網	あみ	그물
泡	あわ	거품
家	いえ·や·うち	집
息	いき	숨
勢い	いきおい	기세
池	いけ	못
板	いた	널빤지
市	いち	시장
否	いな	아님
稲	いね	벼
命	いのち	생명
器	うつわ	그릇
腕	うで	팔

馬	うま	말		煙	けむり	연기
梅	うめ	매실, 매화나무		恋	こい	사랑
裏	うら	뒷면		氷	こおり	얼음
噂	うわさ	소문		腰	こし	허리
絵	え	그림		琴	こと	거문고
丘	おか	언덕		粉	こな	가루
奥	おく	속		米	こめ	쌀
夫	おっと	남편		幸い	さいわい	행복
音	おと	소리		坂	さか	비탈
鬼	おに	괴물		杯	さかずき	술잔
帯	おび	띠		盛り	さかり	한창때
表	おもて	앞면		先	さき	끝
香り	かおり	향기		桜	さくら	벚나무, 벚꽃
親	おや	부모		境	さかい	경계
鏡	かがみ	거울		魚	さかな·うお	물고기
影	かげ	그림자		定め	さだめ	결정
陰	かげ	그늘		里	さと	마을
数	かず	숫자		侍	さむらい	무사
型	かた	거푸집		皿	さら	접시
形	かたち	형태		幸せ	しあわせ	행복
方	かた	분		塩	しお	소금
肩	かた	어깨		潮	しお	바닷물
片	かた	한쪽		鹿	しか	사슴
株	かぶ	그루		滴	しずく	물방울
壁	かべ	벽		下	した·もと	아래
髪	かみ	머리카락		品	しな	물건
神	かみ	신		霜	しも	서리
柄	がら	찌꺼기		尻	しり	엉덩이
体	からだ	몸		汁	しる	즙
革	かわ	가죽		印	しるし	타
皮	かわ	껍질		城	しろ	성
側	かわ	～측(がわ)		巣	す	둥지
傷	きず	흉터		州	す	주
霧	きり	안개		素	す	민, 맨
際	きわ	가장자리		酢	す	식초
草	くさ	풀		図	ず	그림
靴	くつ	신발		頭	ず	머리=あたま
国	くに	나라		末	すえ	끝
首	くび	목		隙	すき	좋아함
組	くみ	쌍		筋	すじ	근육
雲	くも	구름		砂	すな	모래
毛	け	털		隅	すみ	모퉁이

炭	すみ	숯	謎	なぞ	수수께끼
墨	すみ	먹	夏	なつ	여름
背	せ・せい	신장, 키	斜め	ななめ	경사짐
底	そこ	밑바닥	鍋	なべ	냄비
袖	そで	소매	生	なま	날것
外	そと	바깥	涙	なみだ	눈물
平ら	たいら	평평함	波	なみ	파도
宝	たから	보배	並	なみ	중간(치)
滝	たき	폭포	荷	に	짐
丈	たけ	키	主	ぬし	주인
竹	たけ	대나무	・主に	おもに	주로
畳	たたみ	다다미	音	ね	소리
質	たち	〜들(복수)	根	ね	뿌리
縦	たて	세로	値	ね・あたい	값
柵	たな	선반	軒	のき	처마
谷	たに	골짜기	喉	のど	목구멍
種	たね	종자	歯	は	이
束	たば	다발	葉	は	잎사귀
旅	たび	여행	羽	は・はね	새털
度	たび	〜적, 〜때	灰	はい	재
玉	たま	보석	墓	はか	무덤
球	たま	구슬	箱	はこ	상자
魂	たましい	たましい	鋏	はさみ	가위
土	つち	땅	橋	はし	다리, 교량
網	つな	밧줄	端	はし	끄트머리
常	つね	평소	箸	はし	젓가락
角	つの	뿔	柱	はしら	기둥
翼	つばさ	날개	初め	はじめ	시작, 시초
粒	つぶ	낱알	恥	はじ	부끄러움
坪	つぼ	평	旗	はた	기
妻	つま	아내	肌	はだ	피부
釣り	つり	낚시	裸	はだか	알몸
鶴	つる	학	畑	はたけ	밭
戸	と	문짝	鉢	はち	바리때
峠	とうげ	고개	初	はつ	출발, 〜발
隣	となり	이웃	鳩	はと	비둘기
共	とも	동시	幅	はば	폭
泥	どろ	진흙	腹	はら	배(복부)
丼	どんぶり	덮밥	針	はり	침, 바늘
名	な	이름	火	ひ	불
菜	な	나물	日	ひ	해, 태양
仲	なか	관계	紐	ひも	끈

平	ひら	평평함
浜	はま	바닷가
袋	ふくろ	주머니
札	ふだ	표찰
豚	ぶた	돼지
縁	ふち	테두리
筆	ふで	붓
船	ふね	배
辺	へん·べ	근방
紅	べに	잇꽃(べにばな)
外	ほか	딴것
骨	ほね	뼈
炎	ほのお	화염
真	ま	참다운
牧	まき	목장
誠	まこと	참, 진실
的	まと	과녁
豆	まめ	콩
稀	まれ	드묾
実	み	열매
身	み	몸
水	みず	물
湖	みずうみ	호수
自ら	みずから	스스로
緑	みどり	녹색
皆	みな	모두
港	みなと	항구
宮	みや	신을 모신 건물
都	みやこ	수도
麦	むぎ	보리
報い	むくい	보답
旨	むね	취지
胸	むね	가슴
紫	むらさき	보라
群れ	むれ	무리
目	め	눈
芽	め	싹
眼	め	눈
喪	も	상중, 문상
元	もと	기원
矢	や	화살
屋	や	~가게

宿	やど	숙소
柳	やなぎ	버드나무
病	やまい	병
湯	ゆ	끓인 물
床	ゆか·とこ	마루
弓	ゆみ	활
夢	ゆめ	꿈
世	よ	세상
横	よこ	옆
嫁	よめ	며느리
輪	わ	원형, 고리
和	わ	화해
技	わざ	기술
綿	わた	솜

시험에 잘 나오는 주요단어

相手	あいて	상대
足元	あしもと	발 밑
田舎	いなか	시골
笑顔	えがお	웃는 얼굴
大人	おとな	어른
お土産	おみやげ	선물
風邪	かぜ	감기
上半期	かみはんき	상반기
為替	かわせ	환
傷跡	きずあと	상처 자국
気味	ぎみ	기미, 기색
果物	くだもの	과일
口紅	くちべに	입술연지, 릭스틱
今朝	けさ	오늘 아침
下駄	げた	게타(일본 나막신)
心地	ここち	기분
御馳走	ごちそう	맛있는 음식
言葉	ことば	말, 언어
木の葉	このは	나뭇잎
小麦粉	こむぎこ	밀가루
酒屋	さかや	주류 판매업
湿気	しっけ	습기
芝生	しばふ	잔디
下半期	しもはんき	하반기
上司	じょうし	상사
素足	すあし	맨발

末っ子	すえっこ	막내
隙間	すきま	틈
頭脳	ずのう	두뇌
頭痛	ずつう	두통
相撲	すもう	스모
大豆	だいず	콩
地図	ちず	지도
一日	ついたち	초하루
梅雨	つゆ·ばいう	장마
生放送	なまほうそう	생방송
荷物	にもつ	짐
値上げ	ねあげ	가격인상
値下げ	ねさげ	가격인하
飲み屋	のみや	술집
灰皿	はいざら	재떨이
初霜	はつしも	첫서리
初恋	はつこい	첫사랑
浜辺	はまべ	바닷가
花束	はなたば	꽃다발
番組	ばんぐみ	프로그램
人柄	ひとがら	인품
部下	ぶか	부하
故郷	ふるさと	고향
	·こきょう	고향
下手	へた	서툼
本音	ほんね	본심
迷子	まいご	미아
牧場	まきば	목장
真面目	まじめ	진지함
味噌汁	みそしる	된장국
身分	みぶん	신분
息子	むすこ	딸
眼鏡	めがね	안경
喪服	もふく	상복
持ち主	もちぬし	소유주
家主	やぬし	집주인
行方	ゆくえ	행방
指輪	ゆびわ	반지
我が国	わがくに	우리나라
若人	わこうど	젊은이

필수암기 외래어

アイスクリーム	아이스크림
アイデア	아이디어
アイロン	아이롱(다리미)
アウト	아웃
アクセサリー	액세서리
アクセント	액센트
アジア	아시아
アナウンサー	아나운서
アパート	아파트
アフリカ	아프리카
アメリカ	아메리카
アルバイト	아르바이트
アルバム	앨범
アンテナ	안테나
イコール	이퀄(=. 등호.)
イメージ	이미지
インタビュー	인터뷰
ウイスキー	위스키
ウーマン	우먼
ウール	울(양모)
ウエートレス	웨이트리스
エスカレーター	에스컬레이터
エチケット	에티켓
エネルギー	에너지
エプロン	에이프런(앞치마)
エレベーター	엘리베이터
エンジン オイル	엔진오일
カー	카(자동차)
カーテン	커튼
カード	카드(연하카드)
カーブ	커브
ガス	가스
カセット	카세트
ガソリン	가솔린
ガソリンスタンド	주유소
カバー	커버
ガム	껌
カメラ	카메라
カラー	컬러
ガラス	글라스(유리)
カレンダー	캘린더

カロリー	칼로리	サイン	사인
ギター	기타	サラダ	샐러드
キャプテン	캡틴	サラリーマン	샐러리맨
ギャング	갱(강도)	サンダル	샌들
キャンパス	캠퍼스	サンドイッチ	샌드위치
キロ(グラム)	킬로(킬로그램)	サンプル	샘플
クーラー	쿨러(에어컨)	シーズン	시즌
クラシック	클래식	シーツ	시트
クラス	클래스	ジーンズ	진(청바지)
グラス	글래스(유리잔)	ジェット機(き)	제트기
クラブ	클럽	ジャーナリスト	저널리스트
グラフ	그래프	シャツ	셔츠
グラム	그램	シャッター	셔터
グラウンド	그라운드	ジャム	잼
クリーニング	클리닝	シャワー	샤워
クリーム	크림	ジュース	주스
クリスマス	크리스마스	スイッチ	스위치
グループ	그룹	スーツ	수트
ケーキ	케이크	スーパー	슈퍼(마켓)
ケース	케이스	スープ	스프
ゲーム	게임	スカート	스커트
コース	코스	スカーフ	스카프
コーチ	코치	スキー	스키
コート	코트	スクール	스쿨
コード	코드	スケート	스케이트
コーヒー	커피	スケジュール	스케줄
コーラス	코러스	スター	스타
ゴール	골	スタート	스타트
コック	콕, 고동, 꼭지	スタイル	스타일
コップ	컵	スタンド	스탠드
コピー	복사	スチュワーデス	스튜어디스
コミュニケーション	커뮤니케이션	ステージ	스테이지
ゴム	고무	ステレオ	스테레오
コレクション	콜렉션	ストーブ	스토브
コンクール	콩쿠르	ストッキング	스타킹
コンクリート	콘크리트	ストップ	스톱
コンサート	콘서트	スピーカー	스피커
コンセント	콘센트	スピーチ	스피치
コンピューター	컴퓨터	スピード	스피드
サークル	서클	スプーン	스푼
サービス	서비스	スポーツ	스포츠
サイレン	사이렌	スライド	슬라이드

スリッパ	슬리퍼	ドレス	드레스
ゼミ	세미나(ゼミナール)	トン	톤(ton)
セメント	시멘트	トンネル	터널
ゼロ	제로	ナイフ	나이프
センター	센터	ナイロン	나일론
センチ	센티미터	ナンバー	넘버
ソファー	소파	ニュース	뉴스
タイプ	타입	ネクタイ	넥타이
タイヤ	타이어	ネックレス	목걸이
ダイヤモンド	다이아몬드	ノート	노트
ダイヤル	다이얼	ノック	노크
タクシー	택시	バー	바(bar)
ダム	댐	パーセント	퍼센트
ダンス	댄스	パーティー	파티
チーズ	치즈	バイオリン	바이올린
チーム	팀	ハイキング	하이킹
チップ	팁(tip)	バイバイ	바이바이
チップ	칩(chip)	パイプ	파이프
チャンス	찬스	パイロット	파일럿
チョーク	초크, 분필	バケツ	양동이
デート	데이트	バス	버스
テープ	테이프	パス	패스(pass)
テーブル	테이블	パス	파스(약)
テープレコーダー	테이프레코더	パスポート	패스포트(여권)
テーマ	테마	バター	버터
テキスト	텍스트	パターン	패턴
テスト	테스트	バック	백(back), 뒤
テニス	테니스	バッグ	백(bag)
テニスコート	테니스코트	バランス	밸런스
デパート	백화점	パン	빵
デモ	데모	ハンカチ	손수건
テレビ	텔레비전	ハンサム	핸섬
テント	텐트	ピアノ	피아노
テンポ	템포	ビール	맥주
ドア	도어	ピクニック	피크닉
トイレ	화장실	ピストル	피스톨(권총)
トップ	톱	ビタミン	비타민
ドライブ	드라이브	ビニール	비닐
トラック	트럭	ビル	빌딩
ドラマ	드라마	ピン	핀
トランプ	트럼프	ピンク	핑크
トレーニング	트레이닝	ファスナー	파스너(지퍼)

フィルム	필름	ミシン	미싱
フォーク	포크	ミス	미스
フライパン	프라이팬	ミリ	밀리리터, 밀리미터
ブラウス	블라우스	ミルク	밀크
ブラシ	블러쉬	メーター	미터(meter) = メートル
プラス	플러스	メニュー	메뉴
プラスチック	플라스틱	メモ	메모
プラットホーム	플랫홈	メンバー	멤버
プラン	플랜	モーター	모터
フリー	프리(free)	モダン	모던
プリント	프린트	モデル	모델
ブレーキ	브레이크	モノレール	모노레일
プレゼント	프레젠트	ユーモア	유머
プロ	프로	ヨーロッパ	유럽
ブローチ	브로치	ヨット	요트
プログラム	프로그램	ライター	라이터
ページ	페이지	ラケット	라켓
ベッド	침대	ラジオ	라디오
ベテラン	베테랑	ラッシュアワー	러쉬아워
ヘリコプター	헬리콥터	ランチ	런치
ベル	벨	ランニング	런닝
ベルト	벨트	リズム	리듬
ペン	펜	リットル	리터
ペンキ	페인트	リボン	리본
ペンチ	펜치	レインコート	레인코트
ベンチ	벤치	レクリエーション	레크레이션
ボート	보트	レコード	레코드
ボーナス	보너스	レジャー	레저
ホーム	홈	レストラン	레스토랑
ポケット	포켓	レベル	레벨
ポスター	포스터	レポート	레포트
ポスト	우체통, 우편함	レンズ	렌즈
ボタン	버튼	ロケット	로켓
ホテル	호텔	ロッカー	록커
マーケット	마켓	ロビー	로비
マイク	마이크	ワイシャツ	와이셔츠
マスク	마스크	ワイン	와인
マッチ	매치(경기), 성냥	ワンピース	원피스
マフラー	머플러		
ママ	마마(엄마)		
マラソン	마라톤		
マンション	맨션		

문법

▶▶2급문형 확인문제 정답 **p.19**

01. けんかした	02. 思う
03. 引き受ける	04. しない
05. 降り始めない	06. の
07. 起こる	08. 知る
09. 言い	10. 閉めないか
11. かねます	12. 取りたい
13. から	14. 出勤する
15. 出て行った	16. わからない
17. 経験して	18. 困った
19. した	20. 行か
21. 戻り	22. 話せず
23. でも	24. 見た
25. 泥	26. 出かけた
27. ありません	28. ゆるみ
29. 吸いたくて	30. なる
31. 読めば	32. したら
33. 集まらない	34. い
35. に	36. に
37. に	38. 強いに
39. に	40. に
41. 過ぎない	42. 対して
43. 違いない	44. に
45. よって	46. に
47. ぬきで	48. 聞けば
49. ばかりか	50. 言う
51. 切る	52. 向けの
53. 召し上がりますか	54. ものではない
55. 悪い	56. わけ
57. 休む	58. を
59. を	60. を

▶▶1급문형 확인문제 정답 **p.31**

01. いかんで	02. されまいと
03. かたがた	04. かたわら
05. からある	06. きらい
07. 行く	08. どなる
09. 黒	10. 買わず
11. 死んでしまえば	12. あけっぱなしで
13. 願って	14. いい
15. 思いきや	16. までも
17. なしに	18. ならでは
19. なりに	20. に
21. たえない	22. に
23. 力の	24. は
25. 止める	26. として
27. やめる	28. までも
29. ものを	30. 見る
31. 貧しさ	32. を
33. 禁じ得ない	34. もって
35. ものとも	36. を
37. 泣き出さん	38. 勝たん

▶▶2급 문법문제 동사중심 정답 **p.34**

1. ③	2. ④	3. ④	4. ③	5. ④
6. ①	7. ①	8. ②	9. ④	10. ②
11. ③	12. ①	13. ②	14. ③	15. ④
16. ①	17. ③	18. ④	19. ③	20. ②
21. ①	22. ②	23. ③	24. ②	25. ①
26. ③	27. ①	28. ③	29. ④	30. ①
31. ②	32. ③	33. ①	34. ④	35. ①
36. ②	37. ③	38. ①	39. ③	40. ③
41. ②	42. ①	43. ③	44. ①	45. ②
46. ③	47. ④	48. ①	49. ④	50. ②

해설

1. 철저히 고민한 결과, 이 일은 아무에게도 말하지 않으리라 결심했다.
   ※ 동사의 た형이 온다.
2. 돈만 있으면 이런 고생은 안 해도 되는데.
   ※ 「のに」는 역설의 접속사.
3. 한동안 청소를 안 했기 때문에, 방이 먼지 투성이다.
   ※ 「だらけ」는 '투성이'. 「傷(きず)だらけ, 血(ち)だらけ」등.
4. 과장님은 야근을 계속하여 피곤한 기색이다.
   ※ 한자는 「気味(きみ)」 「カゼ気味(ぎみ)」처럼 형용사나 명사에 붙어서 '〜기운이 있다'는 의미를 나타내지만, 「カゼ気味がある」라는 표현은 없다.
5. 저 성실한 가토 씨 만큼은 음주운전따위 할 리가 없습니다.
   ※ 〜에 한해서. 〜만큼은. '〜만큼은 절대로 하지 않겠다.'라는 강한 의미.
6. 화제가 된 것 치고는 시시한 영화였다.

※ ~치고는. 「話題 (わだい)になった」와 반대의 뜻을 가지
　는 것을 고르면 된다.

7. 그는 거짓말을 하고 있는 게 틀림없다.
　※ 「명사 · 동사 · 형용사의 기본형 + に違(ちが)いない」

8. 5년간에 걸친 전쟁이 지난 달 겨우 끝났다.
　「기간을 나타내는 말+に+わたる」로 '~에 걸친'.

9. 올여름은 기록적인 더위였다.
　※ '기록적인 더위'란 뜻이 되려면 「暑(あつ)い」의 명사형이
　　와야 한다.

10. 경기 회복은 고용대책 없이는 있을 수 없다.
　※ 「~抜(ぬ)きには」「なくしては」 뒤에는 부정형이 온다.
　　~없이는 ~할 수 없다.

11. 어두워지기 전에 집에 가는 것이 좋다.
　※ 「暗(くら)くならないうちに」는 '어두워지기 전에'.

12. 대학은 나왔지만, 일자리를 못 찾아 힘들어하고 있다.
　※ 「ものの」는 「~けれども」의 의미를 갖는 역설의 접속사
　　다. 앞에는 동사의 사전형이나 'た형이 온다.

13. 다나카 씨는 피아노도 치고 기타도 잘친다.
　※ 「ひくし」도 괜찮다. 피아노는 「打(う)つ」가 아니라 「弾
　　(ひ)く」라고 하는 것에 주의.
　　테니스를 치다 → テニスを する
　　사람을 치다 → 人を叩(たた)く / 殴(なぐ)る
　　국물에 소금을 치다 → 汁(しる)に塩(しお)をふる

14. 같은 반이 된 것을 계기로 두 사람은 친해졌다.
　※ 「きっかけ」는 「契機 (けいき)」와 동의어. 회화체.

15. 아까 먹은 식사는 양이 너무 많아 다 못 먹었다.
　※ 「(동사 ます형)+切(き)れない」는 '다 ~할 수 없다'는 뜻.
　　数(かぞ)えきれない : 이루 헤아릴 수 없다

16. 이 곡을 들을 때마다 학창시절을 떠올립니다.
　※ 한자표기는 「度(たび)に」.

17. 읽으면 읽을수록 재미있는 소설이다.
　※ ~ば~ほど : ~하면 ~할수록

18. 네 기분을 모르는 건 아니지만, 좀더 현실을 보는 게 좋아.
　※ 「~ないわけではない」라고 이중부정으로 소극적인
　　긍정의 뜻으로 바뀌었다. 「~わけだ」의 용법에 주의.
　　a. これで全て終わったというわけだ。
　　　이것으로 다 끝난 셈이다.
　　b. あなたの意見に反対するわけではないが…。
　　　당신 의견에 반대하는 것은 아니지만.
　　c. 10年間もアメリカにいたのですか。道理 (どうり)で英語
　　　が上手なわけだ。10년이나 미국에 있었다고요. 그러니
　　　영어를 잘하지.

19. 한국이나 일본에서는 윗사람에게 경어를 사용한다.
　※ 대하다 = 「対(たい)する」가 아니므로 주의.
　　田中さんについてどう思いますか。
　　다나카 씨에 대해서 어떻게 생각하십니까?
　　それが親に対する態度(たいど)ですか。
　　그게 부모를 대하는 태도예요?

20. 최근에는 토, 일요일은 물론이고, 설이나 추석에도 쉬지 않
　는 가게가 늘고 있다.
　※ 문어체 표현. 구어로는 「~はもちろん」을 많이 쓴다.

21. 애인을 위해, 마음을 담아 스웨터를 짰다.
　※ 마음 / 사랑을 담다 : 心 / 愛を込 (こ)める.

22. 급하게 나갔는지, 방에는 읽다 만 잡지가 펼쳐진 채 놓여 있
　었다.
　※ 「あわてて…する」형태로 '급하게 ~하다'(急いで…する)
　　의 뜻으로 쓴다. 「~かけ」는 「~の途中(とちゅう)」(~도
　　중)이란 뜻. ④번도 마찬가지로 동사 「ます형」에 붙지만,
　　의미는 「~ながら」이기 때문에, 문맥과 맞지 않다.

23. 담당자가 없어서, 자세한 것은 알 수가 없습니다.
　※ 「동사ます형+かねる」로 완곡한 부정이 된다. 가게에서
　　주인이 손님을 대하는 장면에서 자주 쓰는 표현.

24. 한번 하기로 결정한 이상은, 끝까지 열심히 해봐.
　※ 「~以上」(이상)도 같은 뜻.

25. 가수는 팬의 성원에 답하여 손을 흔들었다.
　※ 한자는 「応(こた)えて」.

26. 몸이 안 좋아서, 엄마한테 아이를 좀 봐달라고 했다.
　※ 수수표현(あげ·もらい)은 '누가' '누구를' 위해 '무엇을'하
　　는지를 파악하는 것이 중요하다.

27. 이 일은 전부터 하고 싶었어요. 꼭 저에게 시켜주세요.
　※ 「1인칭＋に＋사역형」을 쓰는 것은 자신의 강한 희망
　　을 정중하게 요청할 경우.

28. 내일, 시골에서 부모님이 오셔서, 쉬었으면 합니다만….
　※ ①, ②번은 모두 존댓말. 일본에서는 외부 사람에게 말할
　　때는 자기 가족에 관한 것은 낮추어서 말한다.

29. 시험 점수가 나빴다는 것을 부모님게 말할까 말까 망설이고
　있다.
　※ 「~まい」는 사전형에 붙어서 부정 의지를 나타낸다.

30. 나도 스무살이 되었다. 어른으로서 부끄럽지 않은 행동을 하
　지 않으면.
　※ ~로서. 일본에서는 20살이 되면 성인식을 맞이하기 때문
　　에 '20살 = 어른'이라고 인식한다.

31. 나이가 들면서 기억력이 나빠지는 건 어쩔 수 없는 일이다.
　※ ~につれて : ~에 따라. ③번은 「~とともに」로 바꾸면

거의 같은 뜻이 된다.

32. 새로 생긴 수퍼에 가봤는데. 사람이 많아서 장을 보기는 커녕 안에도 못 들어가봤다.
  ※ ~どころか : ~는 커녕. 사람이 많아서 쇼핑을 하는 데까지는 이르지 않았다는 의미에 적용되는 것은 ③번뿐이다.

33. 아무리 싫어도 한 입도 먹지 않는 것은 좋지 않다.
  ※ いくら~といって(も) : 아무리 ~라고 하더라도. 「いっても」의 「も」가 생략된 형태가 되어 있지만. 어디까지나 역설이라는 것에 주의. 뒤에는 부정이 온다.

34. 무사하다고 들어도. 실제로 모습을 보지 않고는 안심할 수 없다.
  ※ 모습을 보고 비로소 안심한다는 뜻.

35. 내일 아침 날씨에 따라. 소풍이 중지될지도 모른다.
  ※ 명사에 붙어 「~によって決まる」(~에 의해 결정되다)라는 의미를 나타낸다. 여기서는 '날씨가 좋을지 안 좋을지에 따라'의 뜻.

36. 헌법개정을 둘러싸고. 활발한 논의가 계속되고 있다.
  ※ ~をめぐって : ~을 둘러싸고(신문, 뉴스 용어)

37. 머리뿐인가. 목까지 아파왔다.
  ※ ~ばかりか~まで : ~뿐만 아니라 ~까지

38. 좀전의 태도를 보면. 그는 진실을 알고 있는 것이 틀림없다.

39. 비록 주위가 반대하더라도 나는 당신과 결혼할 겁니다.
  ※ 「たとえ」(가령)의 뒤에 오는 것은 가정형.

40. 음악을 좋아하는 그사람이니까. 분명 이 곡도 알고 있을 거야.
  ※ 음악을 좋아하다. → 노래를 알다. 순접이다. ①번은 전혀 다른 의미가 되어 버리므로 주의.
  ※ 同じ大学の出身だったことから、吉田さんと親しくなった。 같은 대학출신인 것으로 요시다 씨와 친해졌다.

41. 무리를 한 때문인지. 감기가 심해졌다.
  ※ 그 원인 · 이유만으로.

42. 건강하셨던 할머니도 일흔을 넘기시며 잔병이 많으시다.
  ※ '~의 경향이 강하다'라는 뜻의 접미어. 病気がち는 '잔병이 많다'는 뜻. 이외에 「留守(るす)がち」「遅(おく)れがち」도 자주 쓰인다.

43. 당신한테는 하찮은 일인지 몰라도. 나한테는 중요한 일이에요.
  ※ ~에게 있어서. 「つまらないこと」는 '하찮은 일. 사소한 일'이란 뜻.

44. 저 유원지는 사계절 내내 손님이 많다.
  ※ 불문하고. 「男女不問(だんじょふもん)」(남녀불문)같은 표현을 쓰기도 한다.

45. 시골(고향)에 간다고 해도 하룻밤 잘 뿐입니다.
  ※ ~라고 해도. 뒤에는 앞 문장의 일부를 부정하는 내용이 온다.

46. 성인용사이트는 청소년에게 보여지지 않도록 해야 한다.
  ※ 한국어의 '~용'에 해당하는 표현.

47. 아직 업무를 시작한지 한 달밖에 되지 않아. 모르는 것 투성이입니다.
  ※ ~투성이.

48. 감기가 걸리면 심해지기 전에 쉬는 것이 좋아.
  ※ 심해지기 전에.

49. 저 식당의 카레는 엄청 맛이 없었어. 다시는 안 갈 거야.
  ※ 의지를 나타낸다.

50. 현대건축에 관해서는 바우하우스를 빼고는 이야기할 수 없다.
  ※ ③번의 「のぞいて」가 되려면 「のぞいては」가 되어야 한다.

▶▶1급 문법문제 동사중심 정답 **p.40**

1. ③	2. ①	3. ④	4. ①	5. ①
6. ④	7. ②	8. ①	9. ②	10. ④
11. ④	12. ①	13. ③	14. ②	15. ①
16. ④	17. ③	18. ②	19. ①	20. ④
21. ②	22. ①	23. ③	24. ③	25. ①
26. ①	27. ②	28. ③	29. ④	30. ②
31. ③	32. ④	33. ①	34. ③	35. ④
36. ①	37. ③	38. ①	39. ②	40. ①
41. ④	42. ③	43. ④	44. ③	45. ④
46. ③	47. ①	48. ③	49. ②	50. ③

해설

1. 그는 잠자는 시간도 아껴서 공부에 매진했다.
   ※ はげむ : 힘쓰다, 노력하다 せがむ:조르다

2. 부모란 자녀의 목표가 되는 존재였으면 한다.

3. 전쟁 없는 세상이 오기를 바라 마지 않습니다.
   ※ ～てやみません : ～해 마지 않습니다.

4. 당신을 제쳐두고, 차기회장은 없어요. 부디 맡아 주세요.
   ※ ～를 두고. 「ひいて」나 「のぞいて」와 헷갈리기 쉬운 표현.

5. 여기에 당신의 사인이 남아 있습니다. "모른다"고 끝날 일이
   아닙니다.
   ※ 모른다고 해서 끝날 일이 아니다, 해결될 일이 아니다.
   ※ 다양한 「すます」의 용법
     金(かね)ですます : 돈으로 때우다, 해결하다
     耳(みみ)をすます : 귀를 기울이다
     すました顔(かお) : 시치미 뗀 얼굴

6. 해외여행은 고사하고 국내여행도 간 적이 없다.

7. 익숙한 사람조차도 세 시간은 걸리는 길입니다. 걷기는 무리
   에요.
   ※ 명사+ですら : ～조차.

8. 그녀는 평소대로 위에서 아래까지 검정색 일색의 옷차림으
   로 나타났다.
   ※ ずくめ : 일색, 투성이.

9. 다나카는 지금 외출중이니, 돌아오면 이쪽에서 전화드리겠
   습니다.

10. 커피와 홍차, 어느쪽으로 하시겠습니까?
    ※ 「どちらに」가 왔으므로 「なさいますか」가 자연스럽다.
      ～にする → ～になさる

11. 머리가 길어서, 여자인 줄 알았는데 남자였다.
    ※ ～と思(おも)いきや : ～라고 생각했는데 뜻밖에.

①번 「思(おも)いきり」는 '힘껏, 마음껏'.

12. 이 만큼 말했는데도 이해를 못한다면 너랑은 인연을 끊을밖에.
    ※ 「～までだ」는 '그것밖에 방법이 남아 있지 않다'.

13. 형은 오늘도 100점을 받아왔어. 그런데 동생인 너는 어째서
    이렇게 공부를 안 하는거니.
    ※ 그것에 반하여, 그것과 달리.

14. 그가 오늘의 지위를 세우기까지는 본인의 노력도 노력이지
    만, 가족의 헌신적인 협력이 있었다.
    ※ '상당한 것이었지만'의 뜻.

15. 어두운 곳에서 이야기를 하고 있는데, 어디선가 차가운 바람
    이 불어왔다.
    ※ 「どこからともなく」는 '어디서부터인지 잘 모르겠지만'의
      뜻. ④번과 혼동하지 않도록.

16. 그녀는 직장에 다니는 한편, 집안일도 돕고 있다고 한다.
    ※ ～를 하면서 동시에. 「AのかたわらB」형태로 쓰고 주된
      내용은 A에 있다.

17. 냉장고 문이 열어둔 채로 있었어요. 잘 닫으세요.
    ※ 「ぱなし」라고 발음한다. 동사의 「ます형+っ」에 붙어서 그
      대로 놔 두다는 뜻.

18. 딸아이가 시집을 가고 나니, 이 집이 허전해졌다.
    ※ 「というもの」가 붙음으로써, 「行ってから」를 강조하고 있
      다. 여기서 「から」는 '～하고나서'의 뜻이다.

19. 위험한 순간에 도와 주셔서, 정말 감사했습니다.
    ※ 여기서 「危ないところ」는 장소가 아니라 상황이나 장면을
      뜻한다.

20. 수업중에 담배를 피우다니, 고등학생에게 있을 수 없는 일이다.
    ※ あるまじき 그래서는 안되는, 있을 수 없는. 반대말은
      「あるべき」.

21. 나한테 얘기했었더라면 어떻게 해 줄 수 있었을텐데.
    ※ 「～ものを」는 이미 일어난 일에 대해 불만스러운 마음을
      나타낸다. 여기서는 뒤에'내게 말하지 않았으니까 아무것
      도 해 줄 수 없었다'는 내용이 생략되어 있다.

22. 입사동기 친구가, 부하의 실패를 책임지고 회사를 그만두게
    되었다. 같은 관리직으로서 동정을 금할 수 없다.
    ※ 금할 수 없다.
      ありうる : 있을 수 있다
      ありえない : 있을 수 없다

23. 이달말로 이 점포는 폐점됩니다.
    ※ 이달말로. 「～もって」는 「～で」의 격식을 갖춘 표현.

24. 불성실했던 그가, 2학년이 되자 마치 딴 사람처럼 열심히 공
    부를 하게 되었다.
    ※ 「まるで～かのように」는 '마치 ～것처럼'. 여기서는 '다른

사람이 된 것처럼'이란 뜻.

25. 행복한 당신이, 지금의 내 기분 따위 알 리가 없다.

　　※「わかるはずがない」의 회화체 표현.

26. 나 나름대로는 열심히 했지만, 역부족이었습니다.

　　※「～なりに」는 '나름대로'.

27. 어머니는 실종된 아이를 걱정한 나머지, 몸져누웠다.

　　※ 문장의 주어는 「母親」다. 「寝込(ねこ)む」는 몸져눕다. な
　　　くなった를 쓰면 '죽은'이 되어 뜻이 전혀 다르다. 사람이
　　　없어지는 것은 いなくなる.

28. 히라가나도 못 쓰는 사람이 그렇게 어려운 글씨를 쓸 수 있
　　을 턱이 없다.

　　※「～さえ」는 '～마저, 조차'.

29. 관리자의 허가없이는 이 건물에 들어갈 수 없다.

　　※　「なし」는 「ない」의 명사형.

30. 저 선수는 올해로 은퇴할 거라고 한다.

　　※「限(かぎ)りで」의「で」는 시간을 나타낸다.

31. 일단 하기로 답을 한 이상, 힘들어도 열심히 해보자.

　　※ 뒤에는 「やる」라는 내용이 와야 한다.

32. 어린 아이인 주제에 건방진 말 하지 마.

　　※ ～인 주제에. 동사, 형용사에 붙여서 쓸 수도 있다.
　　　知(し)らないくせに 모르는 주제에
　　　いつも泣(な)くくせに 맨날 우는 주제에

33. 오늘 밤부터 내일 아침에 걸쳐 전국적으로 큰 비가 오겠습니다.

　　※「～から ～に かけて」～에서 ～에 걸쳐. 주로 기간을 나
　　　타낸다. 회화에서 ②번 かかって로 잘못 쓰는 사람이 많으
　　　므로 주의.

34. 네가 사과할 것 없어.

　　※ 여기서의 「何(なに)も」는 「なんにも」라고 발음하기도 한
　　　다. '사과할 것(필요) 없다'는 말을 강조한 표현.

35. 취직에 즈음하여 양복을 두 벌 샀다.

　　※ スーツ는 남자 양복이나 여자 양장 등 위 아래 한 벌로 된
　　　정장옷을 말한다.
　　※「～にあたって」는 '어떤 상태가 되어', '～에 즈음하여'.

36. 사카모토 씨는 여성인데도 늘 남자 같은 복장을 하고 있다.

　　※ 남자 같은. '남자다운'이란 뜻의 ③번은 잘못.

37. 발차 벨이 울리자마자, 지금까지 참았던 눈물이 쏟아졌다.

　　※ 동사의 た형+とたん : 마침 ～한 때(순간). 부사「とたん
　　　に」는 '갑자기'란 뜻이다.

38. 제가 알기로는 야마구치 씨는 그런 말을 할 사람이 아닙니다.

　　※ 제가 알기로는. 「知(し)るかぎり」라고 해도 된다.

39. 가만히 있으라고 했지만, 도저히 한 마디 안 할 수 없었다.

　　※ 言わずにはいられなかった는 '말해 버렸다'.

40. 이 소설은 작가의 체험에 의거하여 쓰여진 것입니다.

　　※ '～에 의거하다.'「もとづく」라고 읽는다.

41. 저 사람 말만 믿었다가 큰 코 다쳤다.

　　※ 단지 그 이유만으로.
　　　だけに ～했던 만큼. 기대에 걸맞게.
　　　「期待(きたい)が大きかっただけに失望も大きかった」
　　　기대가 컸던 만큼 실망도 컸다.

42. 아무리 돈이 있어도, 죽고나면 끝이다.

　　※ 그것으로 끝. ①번 それだけだ와 혼동하지 않도록.
　　　それまでだ 그걸로 끝이다.
　　　それだけだ 그것뿐이다. 그뿐이다. = おしまいだ

43. 주위의 걱정을 뒤로 하고, 딸의 유학생활은 순조롭게 가고
　　있는 것 같다.

　　※「～をよそに」로 관계나 관심이 없는 것을 나타낸다. '～와
　　　상관없이' '～을 무시하고'의 뜻.

44. 핸섬한데다, 다정하기 때문에 여성에게 인기가 있다.

　　※「もてる」는 주로 이성에게 인기가 있다는 뜻. 「ハンサム
　　　(handsome)」의 발음에 주의.

45. 겨우 1점차로 시합에서 진 것이 분해서 견딜 수 없다.

　　※「～てならない」는 '～해서 견딜 수 없다'.
　　　うらやましい 부럽다
　　　おそろしい 무섭다, 두렵다
　　　おかしい 우습다

46. 여행지에서 병이 들어, 관광할 상황이 아니었다.

　　※「Aどころで(は)ない」는 강한 부정으로, '～할 때가 아니
　　　다'라는 뜻.

47. 담배는 몸에 나쁜 줄 알면서도 좀처럼 끊을 수가 없다.

　　※「～つつ」는 「～ながら」로 바꿀 수도 있다.

48. 그 소식을 들었을 때 그의 놀라움은 상상하기 어렵지 않다.

　　※ 한자로는 「難」. 여기서는 어렵지 않다는 뜻.

49. 그 신인가수의 노래는 들을 가치도 없을 정도로 형편없었다.

　　※「～にたえない」는 '～할 만한 가치가 없다'.「～にたえ
　　　る」는 '그럴 만한 가치가 있다'는 뜻이다.
　　　鑑賞(かんしょう)にたえる作品 : 감상할만한 작품
　　　読むにたえない本 : 읽을 가치가 없는 책

50. 하루라도 신속히 범인을 잡아달라고, 피해자의 가족이 눈물
　　을 흘리며 호소했다.

　　※ 涙(なみだ)ながらに : 눈물로, 눈물을 흘리며

1·2급 문법(관용구·신체부위)

▶▶1·2급 관용구 신체부위 확인문제 정답 p.46

1. ③ 2. ① 3. ③ 4. ② 5. ②
6. ③ 7. ③ 8. ① 9. ② 10. ④

해설

1. 차에 치일 뻔 했을 때, 엄마는 몸을 던져 아이를 지켰다.
   ※ 体(からだ)をはって 결사적으로, 몸을 던져
     = 命(いのち)がけで

2. 도시에서 자란 아이들에게도 땀흘리며 일하는 체험이 필요하다.
   ※ 額(ひたい)に汗(あせ)する 이마에 땀을 흘리다. 열심히 일하다. 이밖에 관용구로 '좁다'는 뜻의 「猫(ねこ)の額(ひたい)」(고양이 이마) 등이 있다.

3. 시험 상대는 너무 강해서, 전혀 당해낼 수가 없다.
   ※ 歯(は)が立(た)たない 원래 뜻은 딱딱해서 씹을 수 없다. 관용구로 '상대방이 너무 힘이 세서 당할 수 없다' 또는 '(문제 등이)너무 어려워서 풀 수 없다.'는 뜻으로 쓰인다.

4. 저 사람은 얼핏 다정해 보이지만, 실은 엉큼하니 조심하는 게 좋아.
   ※ 「はらぐろい」로 발음한다. 마음 속에 나쁜 계략이 있다는 것. 관용구에서 「腹(はら)」는 '생각하고 있는 것', '본심'이란 뜻으로 많이 쓰인다. '속이 시커멓 다'에서 '속'은 '뱃속'을 뜻한다.

5. 그의 대책없는 행동에는 그룹원 들 모두가 애를 먹고 있다.
   ※ 手(て)を焼(て)く : 애먹다. 속썩이다. 처치나 대책이 어렵다는 뜻.

6. 저 사람은 아무리 지위가 높아져도 겸손하기 때문에 모두가 좋아한다.
   ※ 腰(こし)が低(ひく)い 허리가 낮다. 즉 남에 대한 태도가 겸손하고 붙임섬이 좋은 태도를 말한다. 「誰(だれ)にでも腰(こし)が低(ひく)い人」 누구한테다 붙임성이 좋은 사람. ⇔ 腰が高い. 참고로「腰(こし)を抜(ぬ)かす」는 '깜짝 놀라다'.

7. 입학식에서 떠들었기 때문에, 바로 선생님 눈에 찍히게 되었다.
   ※ 目(め)をつける : 노리다. 점찍다. 어떤 물건이나 사람을 특히 주의깊게 보는 것으로, 부정적인 뉘앙스가 있다.

8. 아들 녀석이 유명대학에 합격해서 자랑스럽다.
   ※ 鼻(はな)が高(たか)い 자랑스럽다. 자랑스럽게 여기다. 한국어의 '콧대가 높다'는 뜻과는 다르므로 주의. 단, 「鼻(はな)」는 한국어와 마찬가지로 '자존심'을 나타내는 뜻으로 쓰일 때가 많다.

9. 이 가게는 솜씨 좋은 요리사가 있기 때문에, 무엇을 먹어도 맛있다.
   ※ 腕(うで)がいい 솜씨가 좋다. 「腕(うで)」 또는 「腕(うで)前(まえ)」는 '솜씨'를 나타낸다.
     腕(うで)を上(あ)げる 솜씨를 늘리다.
     腕(うで)を試(ため)す 솜씨를 시험하다.

10. 예전에는 꽤 나쁜 일을 했다고 하는데, 지금은 완전히 발을 씻고, 성실한 생활을 하고 있다.
    ※ 足(あし)を洗(あら)う 발을 씻다. 안 좋은 일을 그만두는 것. 한국어의 '손을 씻다'란 뜻.
      手を洗う는 일상적으로 '손을 씻다'는 뜻이다.

1·2급 문법(접속표현)

▶▶1·2급 접속표현 정답 **p.48**

1. ③	2. ②	3. ④	4. ③	5. ①
6. ①	7. ②	8. ③	9. ②	10. ④

해설

1. 영어는 세 달밖에 공부하지 않았다고 하는데, 거기에 비하면 잘한다.
   ※ **それにしては** 거기에 비하면. 앞에서 말한 내용에서 기대되는 예상과는 다른 결과가 왔을 때 쓴다.
2. 키가 컸다고는 들었지만, 설마 이 만큼 컸을 줄은 몰랐다.
   ※ **～たものの** 라고는 해도.
3. 내가 가고 싶어요. 단 아버지가 허락해 주실지는 몰라요.
   ※ **ただ** 단, 단지.
4. 두통이 난다. 게다가 열도 나는 것 같다.
   ※ **そのうえ** 게다가. 뒤의 「熱も」를 보면 풀 수 있다.
5. 배가 왔습니다. 그래서 운동회는 중지되었습니다.
   ※ **それで** 그래서.
6. 대회에 출장하는 이상, 우승을 목표로 하고 싶다.
   ※ **～するからには** ～하는 이상은. (기왕)～하는 바에는.
7. 이 안에는 모두가 반대하고 있습니다. 그래도 당신은 실행할 생각입니까?
   ※ **それでも** 그래도. 그런데도.
8. 아까부터 '시간이 없다'라든지 '어렵다'라고 하는데, 요컨대 하고 싶지 않은 거죠?
   ※ **要するに** 요컨대. 딱 잘라 말해서. = つまり.
9. 확실히 그는 차분하다. 그렇다고 해서 자신의 생각이 없는 것은 아니다.
   ※ **だからといって～わけではない** 문형이다.
10. 접수시간은 매일 9시부터 5시까지입니다. 덧붙여 일요일, 공휴일은 쉽니다.

유형별 한자문제 304

▶▶A 같은 부분이 있는 한자 정답 **p.57**

1. ③	2. ①	3. ③	4. ③	5. ②
6. ①	7. ①	8. ②	9. ③	10. ①
11. ②	12. ③	13. ①	14. ③	15. ③
16. ①	17. ②	18. ③	19. ②	20. ①
21. ③	22. ①	23. ②	24. ①	25. ③
26. ①	27. ③	28. ②	29. ①	30. ②
31. ③	32. ①	33. ②	34. ①	35. ③
36. ①	37. ②	38. ③	39. ②	40. ①
41. ③	42. ②	43. ①	44. ①	45. ③
46. ②	47. ③	48. ①	49. ②	50. ③
51. ②	52. ①	53. ②	54. ③	55. ①
56. ①	57. ②	58. ③	59. ②	60. ②
61. ③	62. ①	63. ②	64. ①	

해설

1. 18세 미만은 부모의 동의가 필요하다.
   ※ 胴衣(どうい) 조끼
   救命胴衣(きゅうめいどうい) 구명조끼
2. 졸업여행의 행선지는 아직 미정이다.
   ※ みてい로 읽는 것은 未定 뿐이다.
3. 이번 지진으로 인한 희생자는 수 백 명에 이른다고 한다.
4. 아직까지 분쟁이 끊이지 않는 국가들이 많이 남아 있다.
   ※ 粉末(ふんまつ) 분말
   分列(ふんれつ) 분열
5. 우리 언니는 대학에서 국문학을 전공하고 있다.
   ※ 成功(せいこう) 성공
   項目(こうもく) 항목
6. 이 커튼 무늬는 기하학 모양이다.
   ※ 참고 可決(かけつ) 가결
   河川(かせん) 하천
7. 늘 중요한 곳에서 뭔가를 간과한다.
   ※ 見落(みお)とす는 '놓치고 못보다"간과하다'의 뜻.
   発刊(はっかん) 발간
   冷汗(れいかん) 식은땀
   汗(あせ) 땀
8. 중간고사 결과가 나왔다.
   ※ 課長(かちょう) 과장
   お菓子(かし) 과자
9. 오늘 수업은 세포 분열에 대해 배운다.
   ※ 熱烈(ねつれつ) 열렬
   並列(へいれつ) 병렬
10. 연령을 속이고 데뷔하는 연예인도 적지는 않다.
    ※ 偽(いつわ)る 속이다
    冷静(れいせい) 냉정
    鈴(れい·りん·すず) 風鈴(ふうりん) 풍경
11. 결혼 피로연이 오후 2시부터 열린다.
    ※ 피로연의 피(披)는 '헤치다, 열다'의 뜻이다. 披露는 원래 '문서 등을 펼쳐서 보여주다'의 뜻이다.

疲労(ひろう) 피로

被害者(ひがいしゃ) 피해자

12. 나는 수영부에 소속되어 있다.

※ 永遠(えいえん) 영원

詠嘆(えいたん) 영탄

13. 이사를 하면 동사무소에 전입신고를 내야 한다.

※ 役所(やくしょ)는 관청이나 관공서를 일컫는 말.

転居(てんきょ) 전거, 이사, 이전

軽(かる)い 가볍다

軽工業(けいこうぎょう) 경공업

輪(りん・わ) 바퀴

車輪(しゃりん) 차륜

14. 양식 진주는 자연산보다 훨씬 싸게 구한다.

※ 朱肉(しゅにく) 인주　特殊(とくしゅ) 특수

15. 생활이 어려운 사람들을 위해 기부금을 모은다.

※ 奇(き) 기이할 기

奇跡(きせき) 기적

騎(き) 말탈 기

騎馬(きば) 기마

16. 그는 장학금을 받으면서 대학을 다니고 있다.

※ 将来(しょうらい) 장래

醤油(しょうゆ) 간장

17. 부모님께 사귀고 있는 사람을 소개한다.

※ 招待(しょうたい) 초대

召還(しょうかん) 소환

18. 교통사고 방지 운동이 오늘부터 시작되었다.

※ 妨害(ぼうがい) 방해

紡織(ぼうしょく) 방직

19. 자동차의 배기 가스가 대기오염의 원인의 하나이다.

※ 俳優(はいゆう) 배우

配置(はいち) 배치

20. 글로벌화에 발맞추어, 각지에서 국제교류가 활발히 이루어지기 시작했다.

※ 前夜祭(ぜんやさい) 전야제

財産(ざいさん) 재산

21. 하루라도 좋으니까 화려한 생활을 해보고 싶다.

※ 選択(せんたく) 선택

開拓(かいたく) 개척

22. 그는 어떤 일이 일어나더라도 냉정하게 대처한다.

※ 精一杯(せいいっぱい) 있는 힘을 다해/ 고작

請求書(せいきゅうしょ) 청구서

23. 위험을 감수하면서까지 할 필요는 없어.

※ 冒(おか)す 무릅쓰다

検査(けんさ) 검사

経験(けいけん) 경험

24. 그는 주위에서도 평판 높은 검약가다.

※ 倹約(けんやく) 검약, 절약

剣道(けんどう) 검도

25. 미성년자의 마약 남용이 문제가 되고 있다.

※ 魔法(まほう) 마법

約束(やくそく) 약속

26. 무역마찰 문제가 심각해지고 있다.

27. 세계 56개국 수뇌회의가 일본에서 하게 되었다.

※ 犠牲(ぎせい) 희생

義理(ぎり) 의리

28. 일주일에 한 번, 병원에 다니며 치료를 받고 있다.

※ 寮(りょう) 기숙사

同僚(どうりょう) 동료

29. 최근 몇 년간의 수출 초과로 인하여 외국과의 관계에 마찰이 생기기 시작했다.

※ 愉快(ゆかい) 유쾌

教諭(きょうゆ) 교유(정교사)

30. 편식은 건강에 좋지 않다.

※ 編集(へんしゅう) 편집

普遍(ふへん) 보편

31. 여행지에서 우연히 옛날 동창생을 만났다.

※ 偶然(ぐうぜん) 우연

隅(すみ) 구석

遭遇(そうぐう) 조우(뜻밖의 만남)

32. 염원하던 마이홈을 구입했다.

※ 構造(こうぞう) 구조

講演(こうえん) 강연

念願(ねんがん) 염원

33. 이번 중간고사의 성적은 그다지 좋지 않았다.

※ 累積(るいせき) 누적

負債(ふさい) 부채

34. 자신의 서툰 과목을 철저히 극복하다.

※ 徹底して와 같이 して가 붙는 것에 주의.

抵抗(ていこう) 저항

低気圧(ていきあつ) 저기압

35. 관광 명소에는 많은 외국인이 방문한다.

※ 歓迎(かんげい) 환영

勧告(かんこく) 권고

36. 가장 두려워하던 약점을 지적받았다.

※ 点滴(てんてき) 점적주사의 준말(링거)
匹敵(ひってき) 필적

37. 연극이 서툰 사람을 무배우라고 한다.
※ 大根役者(だいこんやくしゃ) 연기가 서툰 배우
悔恨(かいこん) 회한
墾田(こんでん) 간전

38. 쌍방이 양보해서, 좋은 해결책을 내놓았다.
※ お嬢(じょう)さん 아가씨
醸成(じょうせい) 양성

39. 이번 납치 사건은 조직적인 범죄로 간주되었다.
※ 拉致(らち) 납치
知識(ちしき) 지식
阻止(そし) 저지

40. 그가 그린 그림은 전부 색채가 아름답다.
※ 色彩(しきさい) 색채
採用(さいよう) 채용
野菜(やさい) 야채

41. 지금까지 배운 것을 실천에 옮겨봐야지.
※ 実践(じっせん) 실천
金銭(きんせん) 금전
浅(あさ)い 얕다
浅海(せんかい) 천해

42. 그는 보통사람보다 배나 겁쟁이이다.
※ 人一倍(ひといちばい) 남들보다 갑절
一億円(いちおくえん) 1억엔
記憶(きおく) 기억

43. 축구 개막전이 일본에서 거행되었다.
開幕(かいまく) 개막
閉幕(へいまく) 폐막
募集(ぼしゅう) 모집
歳暮(せいぼ) 세모(연말)

44. 방화사건의 용의자가 어제 체포되었다.
※ 逮捕(たいほ) 체포
補充(ほじゅう) 보충

45. 엉덩이를 만졌다고, 전철 안에서 치한 소동이 일어났다.
※ 駐車(ちゅうしゃ) 주차
駄 실을 타

46. 아이가 다쳤다는 소식에 엄마는 놀라움을 감추지 못하고 있다.
※ 警護(けいご) 경호
尊敬(そんけい) 존경

47. 매일 아침 신문을 읽는 습관을 붙이면 좋다.
※ 開催(かいさい) 개최

質問(しつもん) 질문

48. 상관없는 타인의 일에는 참견을 하지 않는 것이 좋다.
※ 閑散(かんさん) 한산함
閉校(へいこう) 폐교

49. 천둥큰비 주의보가 내려졌다.
※ 霧(きり) 안개
雲(くも) 구름

50. 국기 게양과 동시에 국가가 흘러나왔다.
※ 太陽(たいよう) 태양
場所(ばしょ) 장소

51. 사업을 일으키기 위한 자금을 모집하다.
※ 賃貸(ちんたい) 임대
貨幣(かへい) 화폐

52. 뇌물수수로 어느 대물 정치가가 체포되었다.
※ 贈呈(ぞうてい) 증정
割賦(かっぷ) 할부

53. 피카소의 그림이 고가로 매매되었다.
※ 販売 판매

54. 중국거리는 이국정서를 맛볼 수 있는 마을의 하나이다.
※ 諸国(しょこく) 제국
著者(ちょしゃ) 저자

55. 해당하는 항목에 체크하세요.
※ 核(かく) 핵
深刻(しんこく) 심각

56. 다음 대회까지 비밀 특훈을 하기로 했다.
※ 分泌(ぶんぴつ・ぶんぴ) 분비
必要(ひつよう) 필요

57. 오후 4시에 목적지에 도착할 전망이다.
※ 誘致(ゆうち) 유치
倒産(とうさん) 도산

58. 그의 수업태도는 묵과할 수 없다.
※ 熊(くま) 곰
能力(のうりょく) 능력

59. 한밤중의 부부싸움은 이웃들에게 민폐다.
※ 地域(ちいき) 지역
或(ある) 어느

60. 10대, 20대 여성은, 유행에 민감하다.
※ 侮辱(ぶじょく) 모욕
梅(うめ) 매화

61. 이 불황을 뛰어넘기 위한 대책을 짤 필요가 있다.
※ 病棟(びょうとう) 병동
錬金術(れんきんじゅつ) 연금술

62. 부엌 옆은 욕실로 되어 있다.

    ※ 欲望 (よくぼう) 욕망

      俗語 (ぞくご) 속어

63. 이 모의시험의 결과로 보면, 제1지망 대학의 합격은 여유롭다.

    ※ 砂漠 (さばく) 사막

      細胞膜 (さいぼうまく) 세포막

64. 근처 공장에서 가스 폭발 사고가 일어났다.

    ※ 暴動 (ぼうどう) 폭동

      束縛 (そくばく) 속박

▶▶B 생김새가 비슷한 한자 p.64

1. ③	2. ①	3. ②	4. ①	5. ③
6. ①	7. ③	8. ②	9. ①	10. ③
11. ③	12. ①	13. ②	14. ①	15. ③
16. ①	17. ②	18. ①	19. ②	20. ①
21. ②	22. ①	23. ②	24. ③	25. ①
26. ②	27. ①	28. ③	29. ①	30. ②
31. ③	32. ①	33. ①	34. ②	35. ①
36. ③	37. ①	38. ②	39. ①	40. ③
41. ①	42. ①	43. ②	44. ②	45. ③
46. ②				

해설

1. 그는 남들보다 갑절 향상심이 강한 사람이다.

    ※ 伺察 (しさつ) 사찰

      伺 (うかが)う 살피다. 찾아뵙다

2. 6월은 온통 축구에 관한 이야기뿐이었다.

    言語 (げんご) 언어

    証言 (しょうげん) 증언

3. 사내끼리 툭 까놓고 이야기하자.

4. 미확인비행물체의 목격증언이 잇따르고 있다.

    ※ 沐 (もく) 머리감을 목

5. 이 건은 당신 하기에 따라 결과가 크게 좌우됩니다.

    ※ 次第 (しだい) ~하기 나름

      弟 (おとうと) 남동생

      悌 (てい) 공경할 제

6. 근년에 들어, 핵가족 세대가 급증했다.

    ※ 旅行 (りょこう) 여행

      実施 (じっし) 실시

7. 인재 파견회사에 등록을 하다.

8. 맨 마지막에 예상 밖의 어려움을 만났다.

※ 死刑囚 (しけいしゅう) 사형수

    原因 (げんいん) 원인

9. 오후 1시부터 4시까지는 자유시간이다

    ※ 曲 (きょく) 곡

      申請 (しんせい) 신청

10. 개찰구를 나가면 왼쪽으로 도세요.

    ※ 解答 (かいとう) 해답

      改善 (かいぜん) 개선

11. 자신의 미래에 대하여 손금을 봤다.

    ※ 手相 (てそう) 수상. 손금

      週末 (しゅうまつ) 주말

      夫婦 (ふうふ) 부부

12. 그녀의 집은 음악가 집안으로 유명하다.

    ※ 楽 (がく・らく) 악, 락　薬 (やく) 약　案 (あん) 안

13. 전세계 사람들이 평화를 바라고 있다.

    ※ 知 (ち) 지

      和 (わ) 화　和風 (わふう) 일본풍

14. 내일부터 일주일간, 독서주간이다.

    ※ 続 (ぞく) 속

      売 (ばい) 매

15. 시골에 돌아가기 위한 비행기 왕복 티켓을 구입했다.

    ※ 腹 (ふく) 복

      腹痛 (ふくつう) 복통

16. 교묘한 화술로, 노인들에게 비싼 물건을 강매한다.

    ※ 朽 (きゅう) 후　不朽 (ふきゅう) 불후

      功 (こう) 공

17. 객관적으로 사물을 보다.

    ※ 歓 (かん) 환　歓迎 (かんげい) 환영

      容 (よう) 용　容赦 (ようしゃ) 용서

18. 일본은 봄, 여름, 가을, 겨울 사계절을 가진다.

    ※ 委 (い) 위　委員会 (いいんかい) 위원회

      秀 (しゅう) 수　優秀 (ゆうしゅう) 우수

19. 학교에 다니는 사람은 통학정기권을 사면 편리하다.

    ※ 巻 (かん・まき) 권

      席巻 (せっけん) 석권

20. 발표회에서 연주한 바이올린곡을 녹음해서 받았다.

    ※ 緑 (りょく・ろく・みどり) 록. 녹색

      縁 (えん・ふち) 가장자리

21. 일본도는 무사의 혼으로 여겨졌던 물건이다.

    ※ 力 (りょく・りき・ちから) 력. 힘

22. 하루에 7시간 수면을 취하는 것이 장수의 비결이라고 한다.

    ※ 眼 (がん・げん) 안　眼科 (がんか) 안과

※ 瞳(どう·とう·ひとみ) 눈동자

23. 외국의 최신기술을 구입하여, 국가 발전에 전력을 쏟다.

　※ 伎(き·ぎ) 기(재주) 歌舞伎(かぶき) 가부키

　　枝(し·えだ) 가지

24. 연인끼리 사이좋게 손을 잡고 데이트를 하고 있다.

　※ 変(へん) 변

　　変化(へんか) 변화

25. 홋카이도에는 광대한 목장이 수없이 많이 있다.

　※ 枚(まい) 매

　　一枚(いちまい) 한 장

26. 학창시절 윤리학을 공부했다.

　※ 論(ろん) 논

　　輪(りん·わ) 린, 바퀴

27. 교통 표식을 따라, 바른 운전을 하도록 합시다.

　※ 織(しょく·しき) 직 紡織(ぼうしょく) 방직

　　職(しょく) 직 職業(しょくぎょう) 직업

28. 말하는 것과 행동하는 것이 모순된다.

　※ 順序(じゅんじょ) 순서

29. 그는 늘 우월감에 빠져 있다.

　※ 憂(ゆう) 우 憂慮(ゆうりょ) 우려

　　浸(ひた)る (물·액체에) 잠기다. (비유적으로) 빠지다, 잠기다

30. 그녀는 주위에서 칭찬이 자자한 효녀이다.

　※ 考(こう) 고 老(ろう) 노

31. 아이들은 의문을 가지면 뭐든지 솔직하게 물어온다.

　※ 擬(ぎ) 의 擬声語(ぎせいご) 의성어

　　凝(ぎょう) 응 凝固(ぎょうこ) 응고

32. 흡연석 외에는 담배는 금지되어 있다.

　※ 喫煙(きつえん) 끽연 = 흡연

　　契約(けいやく) 계약

　　清潔(せいけつ) 청결

33. 그는 입사한지 얼마 되지도 않아 실력을 발휘하기 시작했다.

　※ 輝(き·かがやく) 휘

　　潑(はつ) 물 뿌릴 발

34. 평소의 예습, 복습이 나중에 자신의 실력이 된다.

　※ 頑固(がんこ) 완고

　　項目(こうもく) 항목

35. 세계 각국이 참가한다는 성대한 합창대회가 일본에서 개최된다.

　※ 水晶(すいしょう) 수정

36. 유치원에서 출발한 마중 버스가 왔다.

　※ 幻(げん·まぼろし) 환, 환상

　　誰(すい·だれ) 수, 누구

37. 선수들을 응원하려고, 많은 사람들이 모였다.

　※ 暖(だん) 난

　　地球温暖化(ちきゅうおんだんか) 지구온난화

　　緩(かん) 완 緩行(かんこう) 완행

38. 삼림을 벌채하고, 지역을 개발하는 것도 나쁘지는 않지만, 그것과 동시에 폐해가 생기는 것도 잊으면 안된다.

　※ 幣(へい) 폐 紙幣(しへい) 지폐

39. 평온한 생활, 그것이 '행복'이라고 말할 수 있는지도 모르겠다.

　※ 隠(いん·かくす) 은, 숨기다 隠匿(いんとく) 은닉

40. 신을 믿는 사람들의 신앙심은, 무엇보다도 깊은 것이 있다.

　※ 迎(えい·むかえる) 영, 맞이하다 歓迎(かんげい) 환영

　　抑(よく) 억 抑制(よくせい) 억제

41. 요코즈나(일본 씨름의 최고장사를 가리키는 말) 정도 되면, 다른 씨름 선수와는 다른 관록이 있다.

　※ 網(もう·あみ) 망, 그물

　　鋼(こう) 강 鋼鉄(こうてつ) 강철

42. 각각의 특징을 잘 잡은 작품으로 완성되었다.

　※ 微妙(びみょう) 미묘

　　象徴(しょうちょう) 상징

43. 신제품의 선전에 신인여배우가 기용되게 되었다.

　※ 宜(ぎ) 의 便宜(べんぎ) 편의 且(かつ) 한편, 게다가

44. 얼마전까지만 해도, 수많은 젊은이들이 유럽패션을 흉내내는 경향이 있었다.

　※ 殴(おう) 구 殴打(おうだ) 구타

　　炊(すい·たく) 취

　　電気(でんき)炊飯器(すいはんき) 전기밥솥

45. 그는 죽을 때까지 고독하게 살았다고 말해진다.

　※ 弧(こ) 호 括弧(かっこ) 괄호

　　特(とく) 특 特徴(とくちょう) 특징

46. 여기 화장실은 세세한 곳까지 배려가 되어 있다.

　※ 虎(こ·とら) 호, 호랑이

　　虜(りょ) 로, 포로

▶▶C 훈독에 강해지자 1 정답 **p.69**

1. ①　　　　　　　　　2. (1) ② (2) ①
3. (1) ① (2) ②　　　　4. (1) ② (2) ① (3) ①
5. (1) ② (2) ②　　　　6. (1) ① (2) ①
7. (1) ① (2) ②　　　　8. (1) ② (2) ①

해설

1.　그가 방문한 나라는, 아직 내전이 끊이지 않는 가난한 나라

였다.

※ 訪(おとず)れる 방문하다

　尋(たず)ねる 방문하다, 찾아가다

2. (1) ② (2) ①

아이를 안는 그녀의 얼굴은 자상한 엄마의 얼굴이었다.

※ 抱(いだ)く 안다, 품다(추상적인 개념)

　抱(だ)く 안다, 끌어안다(사람, 사물 등)

　고어적인 표현에서는 いだく가 사람을 '껴안다'로도 쓴다.

3. (1) ① (2) ②

나는 새로운 인생을 그와 함께 걷기로 결정했다.

※ 歩(ある)く 걷다(일상적인 표현)

　歩(あゆ)む 걷다(고어체 표현, 추상적인 개념)

4. (1) ② (2) ① (3) ①

일시 위험한 상태였지만, 다행히도 잃을 뻔한 생명을 건졌다.

※ 一命(いちめい)を取り止める 잃을 뻔한 목숨을 건지다

　危(あぶ)ない 위험하다

　危(あや)うい 위험하다, 위태롭다

　幸(さいわ)い 다행히 幸(しあわ)せ 행복

　止(と)める 멈추다, 세우다

　止(や)める 그만두다

5. (1) ② (2) ②

배운 기술을 친구에게 시험해 보기로 했다.

※ 教(おそ)わる 가르침을 받다

　教(おし)える 가르치다

　試(ため)す 시험해보다

　試(こころ)みる 시도(시험)해보다

6. (1) ① (2) ①

과거의 잘못에는 접하고 싶지 않다.

※ 過(あやま)ち 잘못, 실수

　触(ふ)れる 접하다

　触(さわ)る 닿다

　誤(あやま)り 과오

7. (1) ① (2) ②

남극은 일면이 얼음으로 둘러싸여 있어, 얼어죽을 정도로 춥다.

※ 覆(おお)われる 둘러싸이다

　凍(こご)える 추위로 감각이 둔해지거나 없어지다

　凍(こお)る 얼다

8. (1) ② (2) ①

서른을 넘겨서일까, 결혼에 조바심이 나기 시작했다.

※ 過(す)ぎる 지나가다

　過(あやま)ち 과오, 잘못

　焦(あせ)る 초조해하다

　焦(こ)げる 타다, 눋다

▶▶D 훈독에 강해지자 2 정답 **p.71**

1. ③	2. ①	3. ②	4. ①	5. ①
6. ①	7. ②	8. ③	9. ③	10. ③
11. ②	12. ①	13. ②	14. ③	15. ①
16. ②	17. ②	18. ①	19. ③	20. ①
21. ③	22. ②	23. ③	24. ①	25. ③
26. ①	27. ②	28. ②	29. ①	30. ②
31. ③	32. ①	33. ③	34. ③	35. ①
36. ②	37. ②	38. ③	39. ①	40. ①
41. ①	42. ②	43. ③	44. ②	45. ①
46. ②	47. ①	48. ②	49. ①	50. ②
51. ③	52. ①			

해설

1. 이 감은 떫다.

※ 苦(にが)い 쓰다　甘(あま)い 달다

2. 사장님이 갑자기 돌아가시자마자 사내에서는 추한 다툼이 시작되었다.

※ 憎(にく)い 얄밉다

　尊(とうと)い 귀중하다, 소중하다

　急逝(きゅうせい) 급서, 갑자기 죽음(정중한 말투)

3. 이번 건에 관하여 자세한 사정을 들을 필요가 있다.

※ 細(こま)かく 세세하게　等(ひと)しく 동등하게

4. 아버지는 엄격한 표정으로 텔레비전 앞에 앉아 계셨다.

※ 寂(さび)しい 쓸쓸한　悔(くや)しい 억울한

5. 민가를 찾아, 험한 산길을 계속 걸었다.

※ 厳(きび)しい 엄격한　倹約(けんやく) 검약

6. 집 주위를 배외하는 수상한 남자가 있다.

※ 卑(いや)しい 비천한　悔(くや)しい 억울한

7. 전후의 일본은 현저한 고도경제성장을 이루었다.

※ 珍(めずら)しい 희귀한, 별난

8. 어린 시절 사진을 볼 때마다 고향이 아련하게 떠오른다.

※ 親(した)しく 친하게

9. 아카데미상 시상식에는 많은 영화배우가 화려한 의상으로 나타났다.

※ 시상식은 授賞式(じゅしょうしき)라고 한다.

　爽(さわ)やか 상쾌함　鮮(あざ)やか 선명함

10. 크리스마스가 다가오면서, 온 시내가 점점 떠들썩해진다.

※ 穏(おだ)やか 온화함

緩(ゆる)やか 느슨함

11. 친구를 저녁식사에 초대한다.

    ※ 縫(ぬ)う 꿰매다

    払(はら)う 지불하다

12. 옆반 여자 아이와, 전교 1등 자리를 다투다.

    ※ 争(あらそ)う 다투다, 경쟁하다

    拾(ひろ)う 줍다

13. 인명구조대의 임무는 인명을 구하는 것이다.

    ※ 襲う 덮치다

    補(おぎな)う 보충하다

    レスキュ隊(たい) 인명구조대

14. 한신대지진으로 많은 소중한 생명을 잃었다.

    ※ 襲(おそ)う 습격하다

    雇(やと)う 고용하다

    震災(しんさい) 지진으로 인한 재해

    尊(とうと)い 소중한

15. 테러리스트들이 대통령 암살 시기를 겨냥하여, 기회를 가만히 엿보고 있다.

    ※ 疑(うたが)う 의심하다

    漂(ただよ)う 떠다니다

16. 부족한 부품을 대용할 수 있는 물건으로 일시적으로 메우다.

    ※ 従(したが)う 따르다

    潤(うるお)う 축축해지다, 윤택해지다

17. 소중한 친구를 하나 교통사고로 잃었다.

    ※ 迷(まよ)う 헤매다 養(やしな)う 양육하다, 기르다

18. 천하를 얻고자, 많은 무사가 계속 다투었다.

    ※ 競(きそ)う 경쟁하다 襲(おそ)う 습격하다

19. 성공에는 고생이 동반되는 법이다.

    ※ 養(やしな)う 양육하다 敬(うやま)う 존경하다

20. 결혼해서 행복한 가정을 이루고 싶다.

    ※ 響(ひび)く 울려퍼지다 描(えが)く 그리다

21. 명령에 반하면 엄중한 벌을 받게 된다.

    ※ 傾(かたむ)く 기울다 欺(あざむ)く 속이다

22. 만약 핵전쟁이 일어난다면, 그것은 인류를 파멸로 이끌 것이다.

    ※ 敷(し)く 펴다

23. 엄마 혼자서 중얼중얼 뭔가 투덜대고 있다.

    ※ 赴(おもむ)く 향하다 浮(う)く 뜨다

24. 끝까지 포기하지 말고 초지를 일관하다.

    ※ 欺(あざむ)く 속이다 赴(おもむ)く 향해 가다

25. 밥을 잘 씹어서 먹읍시다.

    ※ 刻(きざ)む 잘게 썰다 編(あ)む 엮다

26. 태양이 천천히 바다로 가라앉는다.

※ 拝(おが)む 절하다 包(つつ)む 싸다, 포장하다

27. 고민이 있을 때는, 뭐든지 상담하세요.

    ※ 囲(かこ)む 둘러싸다 盗(ぬす)む 훔치다

28. 은사의 말씀을 마음에 새겨서 힘을 쓰다.

    ※ 精(せい)を出(だ)す 힘쓰다 囲(かこ)む 둘러싸다

    恨(うら)む 원망하다

29. 학업에 매진하여 일류대학 합격을 노리다.

    ※ 挑(いど)む 도전하다 恵(めぐ)む 베풀다

30. 우리 어머니는 작은 식당을 경영하고 계신다.

    ※ 拝(おが)む 절하다 絡(から)む 얽히다

31. 어머니와 함께 마당 잔디를 깎기로 했다.

    ※ 断(ことわ)る 거절하다 散(ち)る 떨어지다

32. 기말고사가 일주일 앞으로 닥쳐서, 허둥대며 시험공부에 몰두한다.

    ※ 巡(めぐ)る 회전하다 絞(しぼ)る 쥐어짜다

33. 이 프린트를 모두에게 나눠주라고 선생님이 말씀하셨다.

    ※ 募(つの)る 모집하다 限(かぎ)る 한계를 정하다

34. 집세가 수 개월 치 밀리자, 집주인한테 주의를 받았다.

    ※ 蘇(よみがえ)る 소생하다 操(あやつ)る 다루다

35. 말씀을 듣겠습니다.

    ※ 奉(たてまつ)る 받들다 司(し) 맡을 사(명사나 접미어로만 쓰인다.)

36. 황무지를 갈아 밭으로 만들다.

    ※ 荒れ地(あれち) 황무지 蒸(む)す 찌다

    施(ほどこ)す 베풀다

37. 타올을 물에 적셔 주세요.

    ※ 促(うなが)す 재촉하다 示(しめ)す 나타내다

38. 작은 갤러리에서 전시회를 개최한다.

    ※ 促(うなが)す 재촉하다 施(ほどこ)す 베풀다

39. 부모님을 설득하는 데 많은 시간을 썼다.

    ※ 志(こころざ)す 뜻하다, 목적하다

    示(しめ)す 나타내다

40. 너구리가 사람으로 둔갑하여 장난을 친다.

    ※ 狸(たぬき) 너구리 助(たす)ける 돕다

    授(さずけ)る 주다, 수여하다

41. 다다음달 선거에 대비하여 작은 사무소를 설치했다.

    ※ 授(さずけ)る 주다, 수여하다

    届(とど)く 닿다, 도착하다

42. 낙엽이 소리를 내며 세차게 탄다.

    ※ 鍛(きた)える 단련하다 支(ささ)える 떠받치다

43. 점술가가 주문을 읊고 있다.

    ※ 占い師(うらないし) 점술사 呪文(じゅもん) 주문

唱(とな)える 외다. 읊다　据(す)える 설치하다

吠(ほ)える 짖다. 으르릉거리다

44. 아이가 태어나기 전에 육아용품을 갖추다.

　　※ 整(ととの)える 가지런하게 하다

　　控(ひか)える 대기하다　控え室(ひかえしつ) 대기실

45. 사귀던 남자를 결혼사기로 고소했다.

　　※ 備(そな)える 갖추다. 구비하다

　　構(かま)える 차리다. 꾸미다

46. 환자의 남은 생명이 얼마 되지 않음을. 주치의가 환자의 가족
　　에게 알렸다.

　　※ 投(な)げる 던지다　告(つ)げる 고하다

　　妨(さまた)げる 방해하다

47. 아이가 아버지의 일을 방해한다.

　　※ 断(ことわ)る 거절하다　葬(ほうむ)る 묻다. 매장하다

48. 초등학교를 졸업하던 날. 학교 나무 아래에 보물을 묻었다.

　　※ 溜(た)める 모아두다　責(せ)める 나무라다

49. 고층빌딩 옥상에서 식사를 하면서 야경을 바라보았다.

　　※ 慰(なぐさ)める 위로하다　改(あらた)める 고치다

50. 북 소리에 놀란 말이 날뛰기 시작했다.

　　※ 崩(くず)れる 무너지다　暴(あば)れる 날뛰다

　　壊(こわ)れる 부서지다

51. 부모님이 안 계신 집에서는 형이 번 돈으로 생활하고 있다.

　　※ 脱(ぬ)ぐ 벗다　担(かつ)ぐ 메다. 지다

52. 매일 같은 것만 먹으면 질리는 것도 당연하다.

　　※ 尽(つ)きる 다하다. 떨어지다　限(かぎ)る 한하다

▶▶ E 동음이의어 정답 p.77

1. ①	2. ②	3. ③	4. ②	5. ①
6. ③	7. ①	8. ②	9. ③	10. ②
11. ③	12. ③	13. ①	14. ②	15. ①
16. ②	17. ③	18. ①	19. ③	20. ②
21. ③	22. ③	23. ①	24. ①	25. ③
26. ②	27. ③	28. ③	29. ①	30. ②
31. ①	32. ③	33. ①	34. ②	35. ①
36. ③	37. ①	38. ②	39. ①	40. ②
41. ③	42. ①	43. ②	44. ①	45. ③
46. ③	47. ③	48. ①	49. ③	50. ②
51. ①	52. ②	53. ③	54. ②	55. ②
56. ①	57. ③	58. ②	59. ①	60. ②
61. ①	62. ③	63. ②	64. ③	65. ①
66. ②	67. ③	68. ②		

해설

1. 이 백화점은 3층은 부인복 매장으로 되어 있다.
　　※ 婦人(ふじん) 부인. 여성
　　夫人(ふじん) 부인(남의 아내의 정중한 표현)
　　不尽(ふじん) 부진

2. 어머니는 보험회사의 영업을 하고 있다.
　　※ 捕険은 없는 단어.　保健(ほけん) 보건

3. 저 가게는 설날 외에는 매일 영업한다.
　　※ 意外(いがい) 의외, 뜻밖　異外는 없는 단어.

4. 인도의 인구는 수 십년 후에는 세계 1위가 될 것이라고 한다.
　　※ 沈香(じんこう) 침향(향 종류의 하나)
　　人工(じんこう) 인공

5. 구소련이 쏘아올린 스프토닉1호가 인공위성 제1호이다.
　　※ 永世(えいせい) 영세, 영구　衛生(えいせい) 위생

6. 대화재 발생 때문에 인근 주민이 한때 피난했다.
　　※ 批評(ひひょう) 비평
　　非難(ひなん) 비난
　　大火災(だいかさい) 대화재

7. 최근 조금씩 정치에 관심을 자지게 되었다.
　　※ 歓心(かんしん) 환심　感心(かんしん) 감심, 감탄

8. 기후불순 때문에. 소풍은 다음주로 연기되었다.
　　※ 不純(ふじゅん) 불순. 순진하지 않음

9. 지난번 골프대회의 우승상품은 국내 일주여행이었다.
　　※ コンペ [← competition] 콤페티션. 골프경기대회
　　小品(しょうひん) 소품　商品(しょうひん) 상품

10. 농업의 기계화에 따라 효율적으로 작업을 할 수 있다.
　　※ 機会(きかい) 기회　奇怪(きかい) 기괴함

11. 그리스도가 탄생한 해가 기원 원년으로 되어 있다.
　　※ 期限(きげん) 기한　起源(きげん) 기원
　　生命(せいめい)の起源(きげん) 생명의 기원

12. 이 참고서의 개정판이 며칠 후 발매된다.
　　※ 改訂(かいてい) 개정 (이미 나온 책의 잘못된 것을 고치
　　는 것)
　　改定(かいてい) 개정 ·改定法令(ほうれい) 개정법령
　　開廷(かいてい) 개정. 재판을 하기 위해 법정을 여는 것.

13. 과거를 전부 청산하고. 하나부터 다시 할 작정이다.
　　※ 生産(せいさん) 생산　精算(せいさん) 정산

14. 좋든 싫든 현실은 경쟁사회이다.
　　※ 競走(きょうそう) 경주
　　協奏曲(きょうそうきょく) = コンチェルト 협주곡

15. 신분을 보증할 수 있는 것을 제시해 주십시오.
　　※ 補償(ほしょう) 보상　保障(ほしょう) 보장

16. 지금의 사회체제를 다신 한번 점검해봐야 한다.
    ※ **体勢(たいせい)** (어떤 행동을 할 때의) 몸의 자세
       態勢(たいせい) 태세
17. 누구한테도 지시받지 않고, 내 의지로 행동하고 싶다.
    ※ **私事(しじ)** 사사, 개인적인 일 **支持(しじ)** 지지
18. 신문기자가 되어 세계 정세를 국민에게 전하는 것이 그의 꿈이다.
    ※ **汽車(きしゃ)** 기차 **貴社(きしゃ)** 귀사 = **御社(おんしゃ)**
19. 어느 개인의 생애를 기록한 책을 '전기'라고 한다.
    ※ **伝奇(でんき)** 전기(기이한 이야기)
       伝奇小説(でんきしょうせつ) 전기 소설
       電気(でんき) 전기
20. 지난 달 말, 전철 시각표가 개정되었다.
    ※ **快晴(かいせい)** 쾌청 **改姓(かいせい)** 개성(성을 바꿈)
21. 그녀는 효녀로 주위에서 칭찬이 자자한 좋은 아이이다.
    ※ **後攻(こうこう)** 후공. (야구 등 공격과 방어를 번갈아 하는 경기에서)나중에 공격함. ↔ **先攻(せんこう)**.
22. 최근 몇 년, 도심보다도 교외에 집을 짓는 사람이 많아지고 있다.
    ※ **公害(こうがい)** 공해
       口外(こうがい) 입밖 *口外(こうがい)をはばかる 발설을 꺼리다
23. 그녀는 약관 25세의 나이로, 성공을 거두고, 미용계의 정상에 군림했다.
    ※ **精巧(せいこう)** 정교함 **製鋼(せいこう)** 제강
       君臨(くんりん) 군림
24. 내일 회사에서 인사이동 발표가 있다.
    ※ **異動(いどう)** (인사에 관한) 이동.(다른 곳으로 옮김)
       異同(いどう) 차이(동일하지 않음)
       移動(いどう) 이동
       移動図書館(いどうとしょかん) 이동 도서관
25. 누군가와 서로 경쟁함으로써 비로소 자신을 향상시킬 수 있다.
    ※ **工場(こうじょう)** 공장 **厚情(こうじょう)** 후정, 후의
26. 양심을 가지고 행동해야 한다.
    ※ **両親(りょうしん)** 양친, 부모님
       猟(りょう) 렵(사냥)
27. 상경한지 어느덧 20년이 지났다.
    状況(じょうきょう) 상황 = **情況(じょうきょう)** 정황
28. 이번 신입사원은 모두 위세가 좋다.
    ※ **異姓(いせい)** 이성(성씨가 다름)
       異姓同名(いせいどうめい) 이성동명(성은 다르고, 이름은 같음)

異性(いせい) 이성 ↔ 同性(どうせい) 동성
    *異性(いせい)間(かん)の交際(こうさい) 이성간의 교제
29. 시험의 합격불합격이 학교에 게시되었다.
    ※ **刑事(けいじ)** 형사 **計時(けいじ)** 계시
30. 이 항공편은 부산 경유 서울행이다.
    ※ **軽油(けいゆ)** 경유
31. 신작 드레스 피로 파티가 일류호텔에서 열린다.
    ※ **疲労(ひろう)** 피로
       疲労(ひろう)がたまる 피로가 쌓이다
32. 이 회사의 총 부채액은 수십 억에 달한다고 한다.
    ※ **不才(ふさい)** 부재(재능이 없음)
       夫妻(ふさい) 부처, 부부
33. 세계 평화의 첫걸음으로서 핵무기 제조금지를 호소하다.
    ※ **兵器(へいき)** 병기, 무기 **平気(へいき)** 태연함
       併記(へいき) 병기(나란히 적음)
34. 전국 각지에서 교통사고 방지 캠페인이 이루어졌다.
    ※ **某氏(ぼうし)** 모씨, 어떤분 **帽子(ぼうし)** 모자
35. 세계각국의 관용구를 비교해보면, 그 나라의 문화를 알 수 있다.
    ※ **寛容(かんよう)** 관용 **観葉((かんよう)** 관엽
36. 휴대전화의 보급율이, 수년전과 비교하여 3배 가까이 신장하고 있다.
    ※ **敬体(けいたい)** 경어체 ↔ **常体(じょうたい)** 반말체
       形態(けいたい) 형태
37. 엄마는 심각한 얼굴로 편지를 읽고 있다.
    ※ **申告(しんこく)** 신고
       親告(しんこく) 친고(피해자가 고소함)
38. 자신의 인생은 자신이 선택하는 것이다.
    ※ **洗濯(せんたく)** 세탁
39. 140년 전통을 가진 포목점
    ※ **呉服問屋(ごふくどんや)** 포목 도매점
       電灯(でんとう) 전등불
       伝灯(でんとう)〈佛〉전등. (스승이 제자에게)부처의 가르침을 전수함. =**伝法(でんぽう)**.
40. 그 사건의 배경에는 어느 큰 조직이 연루되어 있다.
    ※ **絡(から)む** 연루되다, 얽히다
       拝啓 배계(삼가 아뢴다는 뜻. 편지 머리에 쓰는 말.)
41. 이번 사건에 관해서는 만전의 방책을 세울 필요가 있다.
    ※ **豊作(ほうさく)** 풍작
42. 이 길을 가다가 우회전하면 유료도로로 들어간다.
    ※ **優良(ゆうりょう)** 우량, 우수
       遊猟(ゆうりょう) 유렵(사냥하며 노는 것)

43. 지금 페이스를 유지하면 상위입상도 꿈은 아니다.
　※ **意地(いじ)** 고집,오기 ***意地悪(いじわる)** 고집쟁이
　　遺児(いじ) 유복자
44. 이 취업난 중에, 하나라도 많은 자격을 따는 것이 유리한 것
　이 여겨진다.
　※ **視覚(しかく)** 시각　**四角(しかく)** 사각
45. 헌법기념일은 일본헌법이 시행된 것을 기념하는 날이다.
　※ **試行(しこう)** 시행 ***試行錯誤(しこうさくご)** 시행착오
　　思考(しこう) 사고, 생각
46. 그는 성공해서 돌아오리라 나는 확신한다.
　※ **核心(かくしん)** 핵심　**革新(かくしん)** 혁신
47. 어제 일어난 살인사건의 용의자로, 어떤 남자가 구속되었다.
　※ **身柄(みがら)** 신병(주로 구류, 보호 대상이 되는 몸)
　　校則(こうそく) 교칙　**高速(こうそく)** 고속
48. 수지의 균형을 도모할 필요가 있다.
　※ **均衡(きんこう)を図(はか)る** 균형을 도모하다
　　終始(しゅうし) 시종(처음과 끝)
　　修士(しゅうし) 석사 ***博士(はかせ)** 박사
49. 유능한 인재를 양성하기 위한 최신 시스템
　※ **陽性(ようせい)** 양성　**要請(ようせい)** 요청
50. 이번 사건의 유일한 목격자로서, 증인 환문을 받다.
　※ **喚問(かんもん)** 환문(법원 등에서 사람을 불러 필요한 사
　　항을 물음)
　　商人(しょうにん) 상인 ＝ あきんど
　　承認(しょうにん) 승인
51. 패전 이후의 일본은 평화의 길을 걷고 있었다.
　※ **意向(いこう)** 의향　**移行(いこう)** 이행(옮아감)
52. 약 효과가 떨어져, 서서히 진통이 심해진다.
　※ **増(ま)す** 늘다, 늘리다
　　校歌(こうか) 교가　**高価(こうか)** 고가
53. 여행지에서 고통사고를 당해, 가벼운 상처를 입었다.
　※ **合(あ)う** 맞다　**会(あ)う** 만나다
　　遭(あ)う 조우하다
54. 은행강도를 붙잡으려고 했던 경찰관이 총으로 맞았다.
　※ **打(う)つ** 치다
55. 고향을 떠나 오랜 세월이 지났다.
　※ **断(ことわ)る** 거절하다　**絶(た)つ** 끊다
56. 나는 사진 찍는 것을 좋아하기 때문에, 늘 카메라를 가지고
　다닌다.
　※ **採(と)る** 골라내다, 추리다
　　捕(と)る 붙잡다,포획하다
57. 이 강을 따라 걸어가면 역에 도착한다.

　※ **添(そ)う** 덧붙이다, 첨가하다
　　反(そ)る 되돌아가다
58. 대학을 졸업하고 무역회사 업계에 취직했다.
　※ **着(つ)く** 도착하다
　　突(つ)く 찌르다, 부딪히다
59. 내가 응모한 작품이 잡지에 실렸다.
　※ **載(の)る** 실리다
　　乗(の)る 타다
　　貼(ちょう)する 풀로 붙이다, 바르다
60. 물을 끓여서 포트(차주전자)에 넣는다.
　※ **湧(わ)かす** 생기게 하다, 끓게 하다
　　沸(わ)かす 끓이다
　　涌(わ)く 솟다(물솟을 용)
61. 식사가 끝난 후에는 엄마의 설거지를 돕는 것이 나의 습관이
　되어 있다.
　※ **済(す)む** 끝나다
　　澄(す)む 맑다 ***清澄(せいちょう)** 청징(맑고 깨끗함)
　　住(す)む 살다
62. 등산을 갈 때는, 운동화를 신고 가벼운 차림으로 가는 것이
　좋다.
　※ **吐(は)く** 토하다
　　掃(は)く 비로 쓸다
　　履(は)く 신다
63. 종교의 자유를 침해할 권리는 누구에게도 없다.
　※ **冒(おか)す** 무릅쓰다
　　侵(おか)す 침해하다
　　犯(おか)す 저지르다
64. 회사에 근무하기 시작한지 벌써 5년이 된다.
　※ **務(つと)める** 책임을 다하다
　　努(つと)める 열심히 하다, 힘쓰다
　　勤(つと)める 근무하다
65. 성공을 거두기 위해 잃어버린 것은 헤아릴 수 없을 정도로
　많다.
　※ **収(おさ)める** 거두다
　　修(おさ)める 닦다, 수양하다 ***身(み)を修(おさ)め家(い
　　え)を斉(ととの)える** 수신 제가하다
　　納(おさ)める 넣다,간수하다
66. 역사를 회고할 때마다, 평화의 중요함을 절실히 느끼게 된다.
　※ **省(かえり)みる** 반성하다, 돌이켜보다
　　顧(かえり)みる 회고하다, 돌아보다
67. 눈을 뗀 정말 잠깐 사이에 아이가 없어졌다.
　※ **話(はな)す** 이야기하다

放(はな)す 풀어주다, 놓아주다

離(はな)す 떼어놓다

68. 이 사전은 두껍고 커서 들고 다니기가 힘들다.

※ 暑(あつ)い 덥다

厚(あつ)い 두껍다

熱(あつ)い 뜨겁다

▶▶F 특수하게 읽는 한자 정답 p.84

1. (1) ① (2) ②   2. (1) ② (2) ②
3. ①   4. ②
5. (1) ② (2) ①   6. ②
7. ①   8. ②
9. ②   10. ①
11. (1) ② (2) ①   12. (1) ① (2) ①
13. (1) ① (2) ②   14. ②
15. ①   16. ①

해설

1. 시골에 돌아갈 준비를 하다.
   ※ 用意(ようい) 준비, 채비
   支度(したく) 준비, 채비

2. 요리, 청소 등 집안일들은 서툰 편이에요.
   ※ 下手(へた) (솜씨·기술 등이) 서투름
   苦手(にがて) 잘하지 못하고 다루기 벅참

3. 여기 야채가게의 야채는 신선한 것들 뿐이다.

4. 일본인에게는 본심과 겉으로 내세우는 말이 있어, 다른 나라 사람에게는 이해하기 어려운 점이 있다.

5. 자갈길을 맨발로 걷는 활기찬 아이들.
   ※ 破(は) 깨뜨릴 파
   砂利(じゃり)는 자갈   砂(すな)는 모래.

6. 이틀 전 행방불명이 되었던 아이가 무사히 보호되었다.
   ※ 行先(ゆきさき) 행선지
   行方(ゆくえ) 행방
   참고로 행방불명이란 뜻으로 神隠(かみかく)し라는 단어도 있다. 어린이나 여자가 갑자기 사라진 것을 신의 소행으로 믿었던 데서 생긴 말.

7. 인내력을 키우기 위한 혹독한 수행
   ※ 忍耐(にんたい) 인내
   養(やしな)う 기르다

8. 며칠 전 출납계로 임명받았다.
   ※ 水納은 없는 단어.

出納(すいとう) 출납 *金銭(きんせん)の出納 금전출납

9. 일본의 전통음악에 사용하는 삼현악기의 하나가 샤미센이다.
   ※ 三味線(しゃみせん) 삼현(三弦)으로 된 일본 고유의 현악기. 사각형의 납작한 동체 양쪽에 고양이 가죽을 댔다. さみせん으로도 읽는다.
   三弦楽器(さんげんがっき) 삼현악기

10. 그렇게 너무 깊이 생각하는 것도 좋고 나쁨이 있다. 편하게 가자.

11. 경험의 유무를 묻지 않고, 초보자도 환영한다.
    ※ 素人(しろうと) 초보자(素 희다)
    玄人(くろうと) 전문가, 숙달자(玄 검다)

12. 유서 깊은 가문의 보자기에 큰 가문(가계문양)이 들어 있는 것을 보았다.
    ※ 風呂敷(ふろしき) 보자기
    家紋(かもん) 가문(한 집안의 문장(紋章))

13. 오랫동안 연락들 드리지 못한 은사님 댁을 오랜만에 방문했더니, 안계셨다.
    ※ 溜(りゅう) 류(방울져 떨어질 류)
    留(りゅう) 류(머무를 류) 留守는 '빈집을 지키다', '외출하여 집을 비우다' 두 가지 뜻이 있다.

14. 스모계는 특히 상하관계가 엄격하다고 한다.

15. 엄마는 내 얼굴을 보자마자 미소를 지었다.
    ※ 微(び) 작을 미 徴(ちょう) 부를 징

16. 저 가게 점원은 늘 웃는 얼굴로 응대해준다.
    ※ 微笑(ほほえ)む 미소 짓다
    笑顔(えがお) 웃는 얼굴

▶▶G 숙어 하나만 외우면 되는 한자 정답 p.86

1. ①   2. ②   3. ①   4. ③   5. ①
6. ③   7. ①   8. ②

해설

1. 어느 나라를 가도 가장 기본은 인사이다.

2. 어린 시절 자주 언니와 싸워, 엄마한테 혼이 나곤 했다.
   ※ 喧(けん) 지껄일 훤
   宣(せん) 베풀 선 *宣伝(せんでん) 선전
   華(か) 빛날 화
   嘩(か) 떠들썩 할 화

3. 최근에 이것도 저것도 생각대로 되지 않아, 우울한 기분이 드는 일이 많다.
   ※ 憂(ゆう) 근심 우

優(ゆう) 넉넉할 우, 뛰어날 우

4. 그는 농담을 아주 잘해서, 늘 사람들을 웃긴다.

5. 대형태풍 때문에 각지에서 홍수가 일어나. 주민들이 피난하고 있는 상황이다.

　　※ 洪(こう) 넓을 홍

　　　溢(いつ) 넘칠 일

　　　噴(ふん) 뿜을 분

6. 이 의자는 일부러 나를 위해 아버지가 만들어 주신 것이다.

　　※ 居(きょ) 살 거

　　　座(ざ) 앉을 좌

　　　椅(い) 의자 의

7. 최근 여대생을 노린 유괴사건이 다발하고 있다.

　　※ 監禁(かんきん) 감금

　　　拉致(らち) 납치

8. 일본인의 아침식사라고 하면 밥과 된장국이 일반적이다.

　　※ 憎(ぞう) 미워할 증

　　　僧(そう) 중 승

▶▶H 시험에 나오기 쉬운 음독문제 정답 p.87

1. ①	2. ①	3. ②	4. ②	5. ①
6. ②	7. ②	8. ②	9. ①	10. ①
11. ②	12. ①	13. ①	14. ②	15. ①
16. ①	17. ②	18. ①	19. ②	20. ①
21. ①	22. ②	23. ①	24. ②	25. ②
26. ②	27. ①	28. ②	29. ①	30. ②
31. ①	32. ②	33. ①	34. ②	35. ②
36. ①	37. ②	38. ①	39. ②	40. ②
41. ①	42. ②	43. ①	44. ①	45. ①
46. ②	47. ②	48. ②	49. ②	50. ①

해설

1. 외국어를 습득하는 것은 쉬운 일이 아니다.

　　※ 易(い) : 容易(ようい) 용이 簡易(かんい) 간이

　　　易(えき) : 用役(ようえき) 용역 貿易(ぼうえき) 무역

2. 지난달 발생한 강도사건과 이번 사건의 범인은 동일 인물로 생각된다.

　　※ 一(いつ) : 同一(どういつ) 동일 統一(とういつ) 통일

　　　一(いち) : 一日(いちにち) 하루 雄一(ゆういち) 유일

3. 요 앞 모서리를 우회전하면 큰 공원이 보인다.

　　右(う) : 右折(うせつ) 우회전 *左折(させつ) 좌회전

　　右(ゆう) : 左右(さゆう) 좌우

4. 그는 마흔을 넘었지만, 아직 현역으로 활약하고 있다.

　　※ 役(えき) : 現役(げんえき) 현역 兵役(へいえき) 병역

　　　役(やく) : 役割(やくわり) 역할 配役(はいやく) 배역

5. 혐오감을 일으킬 만한 발언이다.

　　※ 悪(お) : 嫌悪(けんお) 혐오

　　　悪(あく) : 善悪(ぜんあく) 선악

6. 이 빌딩의 옥상에는 전망대와 레스토랑이 있다.

　　※ 屋(おく) : 社屋(しゃおく) 사옥

　　　屋(や) : 八百屋(やおや) 야채가게

7. 연말행사로서 젊은 사람들이 즐기는 것 중의 하나가 크리스마스이다.

　　※ 行(ぎょう) : 行事(ぎょうじ) 행사 行儀(ぎょうぎ) 예절

　　　行(こう) : 行動(こうどう) 행동 進行(しんこう) 진행

8. 그는 마치 실제로 UFO를 본 것 같은 말투로 말한다.

　　※ 口(こう) : 人口(じんこう) 인구

　　　口(く) : 口調(くちょう) 말투 口説(くど)く 호소하다

9. 뭔가 특별한 연구를 하지 않는 한. 매상은 늘지 않을 것이다.

　　※ 工(く) : 工夫(くふう) 大工(だいく) 목수

　　　工(こう) : 工業(こうぎょう) 공업 人工(じんこう) 인공

10. 해열제를 먹고 푹 쉬면 다음날 아침에는 열도 내려갈 거야.

　　※ 解(げ) : 解熱(げねつ) 해열 解脱(げだつ) 해탈

　　　解(かい) : 解消(かいしょう) 해소 解説(かいせつ) 해설

11. 우리 남편은 종합병원의 외과의사이다.

　　※ 外(げ) : 外科(げか) 외과 *内科(ないか) 내과

　　　外(がい) : 海外(かいがい) 해외

12. 설사약을 너무 먹으면 오히려 장에 부담이 된다.

　　※ 下(げ) : 下痢(げり) 설사 上下(じょうげ) 상하 下駄(げた)일본 나막신 下戸(げこ) 술을 잘 못마시는 사람

　　　下(か) : 部下(ぶか) 부하 下半身(かはんしん) 하반신

13. 경마에서 크게 적중해서 순식간에 큰 돈을 거머쥐었다.

　　※ 競(けい) : 競売(けいばい) 경매(= きょうばい)

　　　競(きょう) : 競技(きょうぎ) 경기 競争(きょうそう) 경쟁

14. 다음주 토요일은 초등학교 학부형 참관일이다.

　　※ 兄(けい) : 父兄(ふけい) 학부형

　　　兄(きょう) : 兄弟(きょうだい)

15. 그녀는 세간에서 말하는 '규중처녀'이다.

　　※ 間(かん) : 時間(じかん) 시간 夜間(やかん) 야간

　　　間(けん) : 世間(せけん) 세간

16. 그의 강인한 어프로치에 항복하여 데이트 약속을 했다.

　　※ 強(ごう) : 強引(ごういん) 강인

　　　強(きょう) : 勉強(べんきょう) 공부

17. 기계 조작은 몇 번 배워도 잊어버린다.

※ 作(さ)

　作(さく) : 作品(さくひん) 작품　豊作(ほうさく) 풍작

18. 남의 일에는 일체 참견을 하지 않는 편이 좋다.

　※ 切(さい) : 一切(いっさい) 일체, 일절

　切(せつ) : 大切(たいせつ) 소중함

19. 상호간의 채무를 상쇄하다.

　※ 債務(さいむ) 채무(빚을 갚아야 하는 의무)

　殺(さい) : 相殺(そうさい) 상쇄　殺到(さっとう) 쇄도

　殺(さつ) : 殺人(さつじん) 살인　自殺(じさつ) 자살

20. 정직하게 말을 하는 것도 중요하지만, 정직이 지나친 것도 좀 생각할 문제다.

　※ 善(よ)し悪(あ)し : 좋고 나쁨, 생각해볼 문제

　直(じき) : 正直(しょうじき) 정직

　直(ちょく) : 率直(そっちょく) 솔직

21. 생활고 끝에, 어머니의 유품인 기모노까지 전당포에 맡기고 말았다.

　※ 形見(かたみ) 추억거리, 기념품

22. 수상 자리를 노리고 있는 정치가도 적지 않다.

　※ 相(そう) : 手相(てそう) 수상(손금)　真相(しんそう) 진상

　相(しょう) : 首相(しゅしょう) 수상

23. 사람은 첫인상에 크게 영향 받는 것으로 말해진다.

　※ 象(しょう) : 인상, 모습　象徴(しょうちょう) 상징

　象(ぞう) : 코끼리　象牙(ぞうげ) 상아

24. 화려한 복장을 몸에 걸친 연예인들이 차례차례로 등장했다.

　※ 装(しょう) : 의상, 옷　衣装(いしょう) 의상

　装(そう) : 치장　室内装飾(しつないそうしょく) 실내 장식

25. 자를 이용하여 여러 가지 물건의 길이를 비교한다.

　※ 定(じょう) : 三角定規(さんかくじょうぎ) 삼각자

　定(てい) : 定価(ていか) 정가　安定(あんてい) 안정

26. 그녀의 솔직한 마음은 모든 사람들을 매료시킨다.

　※ 素(す) 꾸미지 않은, 있는 그대로의　素顔(すがお) 화장하지 않은 얼굴

　素(そ) : 元素(げんそ) 원소

27. 두통이 심해서 3일간 잠만 잤다.

　※ 頭(ず) : 頭脳(ず) 두뇌

　頭(とう) : 核弾頭(かくだんとう) 핵탄두

28. 보도된 젊은이에게 반성의 빛은 찾아볼 수 없다.

　※ 省(せい) : 살펴보다, 반성하다　自省(じせい) 자성

　省(しょう) : 外務省(がいむしょう) 외무성

　省(しょう) エネ 에너지 절약

29. 잡목림의 나무는 벌채되어, 장작으로 사용된다.

　※ 雑(ぞう) : 雑芸(ぞうげい) 잡기, 잡다한 기예

　　雑(ざつ) : 複雑(ふくざつ) 복잡

30. 교사가 학생들을 인솔하여 공장견학을 간다.

　※ 率(そつ) : 真率(しんそつ) 진솔

　率(りつ) : 効率(こうりつ) 효율

31. 프로 주방장의 칼 놀림은 정말 멋지다.

　※ 板前(いたまえ) 주방장

　包丁(ほうちょう) 식칼, 요리

　さばき 놀림, 다룸

32. 타인의 의견을 존중해야 한다.

　※ 重(ちょう) : 慎重(しんちょう) 신중

　重(じゅう) : 体重(たいじゅう) 체중

33. 내용은 나쁘지 않으니까, 겉모양을 정리해서 다시 제출하세요.

　※ 体裁(ていさい) 외관, 겉모양

34. 그의 의도가 어디에 있는지 짐작이 가지 않는다.

　※ 見当(けんとう)がつかない 짐작이 가지 않는다

　図(と) : 意図(いと) 의도　図書館(としょかん) 도서관

　図(ず) : 地図(ちず) 지도　合図(あいず) 신호

35. 구두점은 마침표과 쉼표로 나누어진다.

　※ 読은 보통 どく로 읽는다. 読書(どくしょ) 독서

36. 이 이불은 폭신폭신해서 촉감이 좋다.

　※ 団은 보통 だん으로 읽는다. 団体(だんたい) 단체

37. 이번 건에 관해 납득이 될 때까지 설명해주었으면 한다.

　※ 受納(じゅのう) 수납

　納得(なっとく) 납득

　出納(すいとう) 출납

38. 아이가 열이 나서, 소아과로 뛰어 갔다.

　※ 小児科(しょうにか) 소아과

　幼児(ようじ) 유아

　児童(じどう) 아동

39. 이 동물은 천연기념물로 지정되어 있다.

　※ 天然(てんねん) 천연

　自然(しぜん) 자연

40. 범례란 책의 편집 방침이나 읽는 법, 사용법 등을 기록한 것이다.

　※ 凡(ぼん) : 凡人(ぼんじん) 범인, 평범한 사람

41. 남녀평등이라고 하지만, 현실은 아직 멀었다.

　※ 平(へい) : 平均(へいきん) 평균　平面(へいめん) 평면

42. 우체통 안에 시골에 계신 어머니한테서 온 편지가 들어 있었다.

　※ 便(びん) : 宅配便(たくはいびん) 택배편

　便(べん) : 便利(べんり) 편리

43. 새내기 교사는 처음에는 학생들에게 놀림을 당하기도 한다.

　※ 米(まい) : 玄米(げんまい) 현미

米(べい) : 米国(べいこく) 미국

44. 메이지 유신 이후, 국민 한 사람 한 사람이 성을 갖는 것이 허락되었다.
   ※ 名字(みょうじ) 성씨
   氏名(しめい) 성과 이름, 성명　名簿(めいぼ) 명부

45. 내일 점심 때쯤 찾아뵙겠습니다.
   ※ 明日(みょうにち) 내일
   明朝(みょうちょう) 내일 아침(문어체)

46. 그는 낮에는 회사원, 밤에는 학생으로서 야간학교를 다닌다.
   ※ 夜間(やかん) 야간　深夜(しんや) 심야
   夜空(よぞら) 밤하늘

47. 사람의 이름에는 반드시 각각의 유래라는 것이 있다.
   ※ 由来(ゆらい) 유래
   自由(じゆう) 자유

48. 나는 수학 점수만 유난히 낮다.
   ※ 極端(きょくたん) 극단　南極(なんきょく) 남극
   極悪(ごくあく) 극악

49. 외국에서 온 연수생을 받아들이다.
   ※ 研修(けんしゅう) 연수　研究(けんきゅう) 연구

50. 이 나라는 빈부 차가 크다.

한자부문

▶▶2급 한자읽기정답 p.93

1. (1) ①　(2) ③　(3) ①
2. (1) ①　(2) ③　(3) ④　(4) ③
3. (1) ①　(2) ①　(3) ②
4. (1) ③　(2) ④　(3) ③
5. (1) ①　(2) ②　(3) ④
6. (1) ③　(2) ③　(3) ④
7. (1) ③　(2) ①　(3) ②
8. (1) ②　(2) ③　(3) ④
9. (1) ②　(2) ④　(3) ④
10. (1) ③　(2) ③　(3) ④
11. (1) ①　(2) ③　(3) ②
12. (1) ①　(2) ④　(3) ③
13. (1) ④　(2) ②　(3) ②
14. (1) ④　(2) ③　(3) ④
15. (1) ②　(2) ③　(3) ④
16. (1) ①　(2) ②　(3) ③
17. (1) ①　(2) ①　(3) ③
18. (1) ③　(2) ④　(3) ①
19. (1) ②　(2) ③　(3) ②
20. (1) ③　(2) ②　(3) ①
21. (1) ②　(2) ④　(3) ②
22. (1) ③　(2) ①　(3) ④
23. (1) ③　(2) ③　(3) ②
24. (1) ④　(2) ①　(3) ②
25. (1) ④　(2) ③　(3) ④
26. (1) ①　(2) ①　(3) ④
27. (1) ②　(2) ④　(3) ④
28. (1) ①　(2) ②　(3) ①
29. (1) ③　(2) ①　(3) ④
30. (1) ②　(2) ④　(3) ②

해설

1. 그녀는 자세도 좋고, 복장도 세련되어 있어서 모두의 동경의 대상이다.
   ※ ～の的(まと) 많은 사람이 ～하는 대상

2. 새로운 업무 연수를 받고, 보고서를 제출했다.
   ※ 告(こく)로 읽는 단어 :告白(こくはく), 申告(しんこく)

3. 강한 아버지지만, 큰 병을 얻고 나서 약한 소리를 하신다.
   ※ 気丈(きじょう) 마음이 강하고 분명한 모양
   大病(たいびょう) 큰병, 중병 大病(たいびょう)をわずらう 중병을 앓다
   弱音(よわね)を吐(は)く 나약한 소리를 하다

4. 아동학대가 심각한 문제가 되고 있는데, 차세대를 짊어질 아이들의 장래는 사회전체가 지키지 않으면 안된다.
   ※ 刻(こく) 훈독은 刻(きざ)む로 '새기다, 잘게 썰다'의 뜻이다. せおう는 背負う로 표기한다.

5. 고요한 수면에 작은 배가 떠 있다.
   ※ 小船(こぶね) 작은 배
   水面(みなも) 수면. 특수하게 읽는 단어다. すいめん으로 읽을 수도 있다.

6. 타인의 말에 현혹되지 않고, 자신의 의지를 관철시켜, 후회 없는 인생을 살고 싶다.
   ※ 惑(まど)わす 정신을 혼란시키다, 현혹시키다
   貫(つらぬ)く 관철하다, 일관하다
   悔(く)い 후회, 뉘우침

7. 연봉을 올려달라는 요구를, 사장님은 흔쾌히 받아들여주셨다.
   ※ 訴(うった)える에서 나온 말, 호소. 음독은 そ.

8. 몇 번이나 시도해봤지만, 계획을 이루지 못한 채, 박사는 서거했다.
   ※ 遂(と)げる 이루다. 달성하다. 성취하다

急逝(きゅうせい) 갑자기 서거함

9. 그 소재는 도매상가에 가면 도매가로 살 수 있다.

※ 材(ざい)를 ぜい로 읽지 않도록 주의.

10. 고향에서 작은 가게를 경영하고 있는 부모님은, 마을의 행사
에는 적극적으로 참가하신다.

※ 材(ざい)를 ぜい로 읽지 않도록 주의.

11. 나이를 먹고 나서 컴퓨터 조작을 배우는 사람이 늘고 있다.

※ 作(さく)가 さ로 읽히는 경우이다.

動作(どうさ), 作業(さぎょう)도 기억하자.

12. 친구와 회사를 만들기로 했다. 비용은 절반으로 하고, 대출
을 받지 않고 해보려고 한다.

※ 費(ひ)는 実費(じっぴ) 雑費(ざっぴ)처럼 앞에 촉음이
올 때는 ぴ로 읽는다. 借는 단독으로는 しゃく로 읽는다.
훈독은 借(か)りる.

13. 유학하고 있던 지인이, 박사학위를 취득하고 귀국하는 모양
이다.

※ ゆうがく로 읽으면 遊学으로 표기한다. 뜻은 같다.
しじん은 詩人.

14. 범인은 2층 창문을 깨고 침입한 것 같다.

※ 破(やぶ)る 여기서는 '깨다'의 뜻이다. 천이나 종이일 때
는 '찢다'는 뜻도 있다.

15. 주말을 제외하면, 이 백화점은 그다지 혼잡하지 않다.

※ 週를 ちゅう로 읽지 않도록 주의.
どく는 '비키다'는 뜻이다. *どいたどいた : 비켜비켜

16. 나는 양자였지만, 부모님은 다른 형제와 똑같이 애정을 쏟아
주셨다.

※ 훈독 養(やしな)う도 기억하자.
愛情(あいじょう)を注(そそ)ぐ 애정을 쏟다

17. 수작업이었던 처리를 전산화하면 집계가 용이해진다.

※ '대처하다'는 뜻으로 処(しょ)す 또는 処(しょ)する로 쓴다.

手作業(てさぎょう) 수작업

集(しゅう) : 集中(しゅうちゅう) 집중

18. 휴일에 출근해서, 다음날이 휴일이었기 때문에, 걱정하던 전
람회를 보러 갔다.

※ 출근의 반대말은 최근이지만, 보통 일본에서는 퇴근이라
는 뜻으로 退社(たいしゃ)를 많이 쓴다.

日(じつ)로 읽는 단어 翌日(よくじつ) 先日(せんじつ) 当
日(とうじつ). てんらんかい에서 らん에 주의.

19. 너무나 극단적인 의견이어서, 곧바로 찬성하는 사람은 없었다.

※ ただちに로 읽는 경우 외에는 보통 ちょく로 읽는다. 直線
(ちょくせん) 직선

20. 모유에는 많은 면역성분이 포함되어 있다고 한다.

※ 우유는 牛乳(ぎゅうにゅう). 분유는 粉乳가 아니라 粉(こ
な)ミルク라고 한다.

21. 약물을 사용한 혐의로, 검사를 받다.

※ 여기서 약물이란 마약이나 각성제를 뜻한다. 疑い는 '혐
의'란 뜻이지만,'의심'이란 뜻도 있다.

22. 기울어 세워진, 진기한 건축을 보러 갔다.

※ 傾(かたむ)く는 '기울다', 傾(かたむ)ける는 '기울이다'.
珍(めずら)しい는 '드물다''희한하다'. 오쿠리가나가 しい인
것에 주의. 建을 こん으로 읽지 않도록 주의.

23. 여기서는 흡연이 금지되어 있으므로 삼가 주시기 바랍니다.

※ 한국에서는 흡연(吸煙)이라고 하지만, 일본에서는 喫煙
(きつえん:끽연)이라 한다. 반대말은 禁煙(きんえん:금
연). 禁止(きんし)를 くんし로 읽는 사람이 많으므로 주의.

24. 숲속의 축축한 공기에, 숨쉬기가 힘들어졌다.

※ 숨을 쉬다 = 息(いき)をする 息が苦しい = 숨이 가쁘다
苦(にが)い로 읽으면 '(맛이)쓰다'.

25. 눈보라 속에서 미아가 되어, 행방이 묘연했던 사람이 무사히
발견되었다.

※ 迷子(まいご) = 미아. 일본에서는 어린이뿐 아니라 길을
잃은 사람을 이렇게 부른다. (조용필의 노래 중에 思(おも)
いで迷子(まいご)는 노래방에서 찾아볼 수도 있다.)

26. 아버지는 최근 머리가 잘 빠진다고 고민하신다.

悩(なや)む 고민하다, 悩(なや)み 고민

27. 흐린 하늘에서, 큰 빗방울이 떨어졌다.

※ 曇(くも)った空(そら)는 '흐린 하늘' / 구름은 雲(くも).
大粒(おおつぶ)의 반대말은 小粒(こつぶ). 大(おお)小
(こ)로 기억하면 편리하다.

大雨(おおあめ) 큰 비   小雨(こさめ) 가랑비

大船(おおぶね) 큰 배   小船(こぶね) 작은 배

28. 피부 색 차이로 사람을 차별해서는 안 된다.

※ 違(ちが)い 차이 *間違(まちが)い 잘못

29. 집 정원 잔디를 깎는 것이 학창시절 때 나의 역할이었다.

30. 땅을 파던 아이가, 우연히 고대의 석기를 발견했다.

※ 掘(ほ)る는 '파다'. 彫(ほ)る는 '새기다'.

2급 한자쓰기문제

▶▶정답 **p.99**

1. (1) ④　(2) ①　(3) ②　(4) ①
2. (1) ③　(2) ①　(3) ③
3. (1) ①　(2) ②　(3) ④
4. (1) ③　(2) ①　(3) ④
5. (1) ②　(2) ③　(3) ③
6. (1) ④　(2) ②　(3) ①
7. (1) ④　(2) ①　(3) ②
8. (1) ①　(2) ③　(3) ④
9. (1) ③　(2) ④　(3) ①
10. (1) ③　(2) ②　(3) ①
11. (1) ④　(2) ③　(3) ①
12. (1) ①　(2) ③　(3) ②
13. (1) ①　(2) ③　(3) ③
14. (1) ②　(2) ①　(3) ④
15. (1) ②　(2) ③　(3) ③
16. (1) ④　(2) ②　(3) ②
17. (1) ①　(2) ②　(3) ③
18. (1) ①　(2) ④　(3) ③
19. (1) ①　(2) ④
20. (1) ②　(2) ③　(3) ①

해설

1. 그는 자신의 흥미가 없는 일에는, 전혀 관심을 나타내려고 하지 않는다.
   * ※ 驚異(경이)는 きょうい, 趣味(취미)는 しゅみ로 읽는다.
     漸く는 ようやく(차츰, 점차)로 읽는다.
     示(しめ)す (나타내) 보이다
     表(あらわ)す (감정 등을) 나타내다
2. 프린트에, 일부 잘못된 기술이 있으니, 삭제를 부탁드립니다.
   * ※ 謝った는 음은 같지만, '사과하다'의 뜻이다.
     削除(さくじょ)에서 除 발음에 주의.
3. 그저끼의 큰 비로, 이 일대의 하천은 물이 불어, 물이 온통 탁해졌다.
   * ※ 一昨日(いっさくじつ) 그저께 = おととい(회화체)
     粘(ねば)る는 '찐득이다' 粘(ねば)り는 '찰기'.
     増水(ぞうすい) 증수(물이 불어남)
4. 생명보험에 들지 않겠냐고 권유받았지만, 거절했다.
   * ※ 保健(ほけん)은 동음이의어. 학교의 의무실(양호실)을
     保健室(ほけんしつ)라고 한다.

5. 부하가 세금을 횡령한 책임을 지고, 장관이 사임했다.
   * ※ 責任(せきにん)を取(と)る 책임을 지다
6. 예기치 못한 사고로 인해, 귀한 생명을 빼앗겼다.
   * ※ 予期(よき) 예기. せぬ는 しない의 문어체표현.
     幼(おさな)い 어리다
7. 매일, 밭을 간 덕분에, 야채가 풍요롭게 여물었다.
   * ※ 耕(たがや)す 논밭을 갈다. 음독은 こう.
8. 시동생은 아파트에 욕실이 없어서, 목욕탕에 간다.
   * ※ 義理(ぎり)の弟(おとうと)는 배우자의 남동생이나 여동생의 배우자를 가리킨다. 동생뻘에 해당하는 처남, 시동생 등을 일컫는 말이다.
     通(かよ)う 다니다　通(とお)る 통과하다, 지나가다
9. 학교를 깨끗하게 유지하기 위해 복도에 쓰레기를 버리면 벌금을 내는 규칙이 생겼다.
   * ※ 保(たも)つ 유지하다
     罰金(ばっきん) 벌금　賞金(しょうきん) 상금
     税金(ぜいきん) 세금　奨学金(しょうがくきん) 장학금
10. 오랜 세월, 모두를 이끌고 일해온 선배가 은퇴하게 되었다. 한 동안은 푹 휴식을 취했으면 좋겠다.
    * ※ 率(ひき)いる　인솔하다 = 引率(いんそつ)する
11. 우리 회사의 무궁한 발전을 기원하며 건배합시다.
    * ※ 金祈(いの)る는 '기원하다' 외에 '기도하다'의 뜻도 있다.
      お祈(いの)り기도 "위하여!"도 乾杯！라고 한다.
12. 면세점에서, 쇼핑에 몰두하는 아이, 지갑을 도난당한 것 같다.
    * ※ 熱中(ねっちゅう)する = 夢中(むちゅう)になる
13. 여성경찰관이 아이들에게 인도를 걷도록 지도하고 있다.
    * ※ '여성'의 뜻으로 쓰는 것은 婦人이다. 참고로 숙녀복은 婦人服(ふじんふく).
14. 새 맨션의 건설에 관하여, 주변의 주민들을 대상으로 한 설명회가 열렸다. 周囲는 뜻은 비슷하지만, しゅうい로 읽는다. 住人(じゅうにん)은 '거주인'이란 뜻이다.
    生命(せつめい) 생명 釈明(しゃくめい) 변명, 해명 弁明(べんめい) 변명
15. 이 기계가 성능이 좋다는 것은 인정하지만, 가격이 너무 비싸서 도저히 살 수 없다.
    * ※ 値段(값)은 ねだん으로 읽는다.
16. 이모가 선물을 잔뜩 들고, 우리 집에 머물러 오셨다.
    * ※ おば 부모님의 여자형제를 가리킨다. 단, 부모님의 언니나 누나는 伯母, 여동생은 叔母로 표기한다. おみやげ는 여행지에서 사온 선물이나, 남의 집을 방문할 때 가져가는 선물을 말하고, 나머지는 보통 贈り物(おくりもの)라고 한다. 祖母(そぼ)는 할머니.

17. 외국의 언어를 배우는 일은, 그 나라의 문화와 접촉하는 일이기도 하다. 言葉은 ことば로 읽는다. 뜻은 '언어', '말'. 振(ふ)れる는 '조금 흔들리다'의 뜻.

18. 리더가 될 사람에게는, 냉정한 판단력이 요구된다.
    ※ 冷徹(れいてつ) 냉철 冷淡(れいたん) 냉담
    判決(はんけつ) 판결 判定(はんてい) 판정
    判別(はんべつ) 판별

19. 자동차 운전을 배울 때, 교통표지를 좀처럼 외우지 못해서 난처했다.
    ※ 운전학원은 自動車教習所(じどうしゃきょうしゅうじょ)라고 한다.

20. 장사의 기본은 상호간의 신뢰관계이다.
    ※ 売買(ばいばい)도 기억하자. 互い는 お互い라고도 한다.

1급 한자읽기문제

▶▶정답 p.103

1. (1) ③   (2) ②   (3) ③
2. (1) ④   (2) ④   (3) ③
3. (1) ①   (2) ④   (3) ④
4. (1) ①   (2) ①   (3) ②
5. (1) ①   (2) ③   (3) ④
6. (1) ④   (2) ①   (3) ③
7. (1) ②   (2) ④   (3) ②
8. (1) ①   (2) ④   (3) ②
9. (1) ④   (2) ②   (3) ③
10. (1) ④   (2) ③   (3) ④

해설

1. 올해는 기후가 불순했기 때문에, 농작물도 잘 되지 않았다.(작황이 좋지 못했다.)
    ※ 天気(てんき)도 비슷한 말이지만, 天候(てんこう)가 좀 더 격식을 갖춘, 의미의 폭이 넓은 표현이다. 不를 ふ로 길게 읽는 사람이 많으므로 주의가 필요하다.
    物를 もつ로 읽는 단어 = 穀物(こくもつ)/荷物(にもつ)/食物(しょくもつ)

2. 아들 녀석의 여자친구가 빈번하게 집을 찾아오게 되었다.
    ※ 남자친구, 여자친구란 뜻으로 彼氏, 彼女는 恋人(こいびと)보다 회화에서 많이 쓰게 되었다. 訪れる와 같은 뜻의 訪問(ほうもん)する도 있다.

3. 화재 현장에서 기다시피해서 겨우 탈출했다.
    ※ 참고로, "불이야"라고 외칠 때는 「火事だ」라고 한다.

4. 평소에도 과묵한 사람이지만, 긴장하면 완전 말이 없어진다.
    ※ 無口な人는 '말이 없는 사람' むぐち로 발음하는 사람이 많으므로 주의. 반대말은 おしゃべりな人(ひと) 口数(くちかず)が多(おお)い人(ひと)

5. 외국에서 일어난 분쟁에 대한 대응을 둘러싸고, 모임이 분열할 것 같다. 巡って는 신문이나 뉴스에서 많이 쓰는 표현이다. 分裂(ぶんれつ) ん과 れ의 발음에 주의.

6. 최근에는 일본에서도 일정한 봉사활동이 의무화되고 있는 학교도 있다.
    ※ 일본에서는 '봉사활동'이란 뜻으로 ボランティア活動(かつどう)란 말을 많이 쓴다.

7. A사의 업적은 최근 5년사이 현저하게 신장하고 있다.

8. 다음달 선거의 후보자를 격려하는 모임이 열렸다.
    ※ 候(こう)의 발음에 주의. 참고로 일본에서는 투표를 보통 일요일에 한다.

9. 용감한 청년들이 나라를 구했다.
    ※ 勇猛(ゆうもう)な 용맹한
    有名(ゆうめい)な 유명한
    優秀(ゆうしゅう)な 우수한

10. 그는 속박당하는 것이 질색이라는 이유로 독신을 고수하고 있다.
    ※ 훈독은 縛(しば)る. 独身은 미혼이란 뜻으로도 쓴다.

1급 한자쓰기문제

▶▶정답 p.105

1. (1) ④   (2) ③   (3) ②
2. (1) ①   (2) ④   (3) ②
3. (1) ③   (2) ②   (3) ①
4. (1) ③   (2) ③   (3) ①
5. (1) ④   (2) ③   (3) ①
6. (1) ②   (2) ②   (3) ①
7. (1) ④   (2) ③   (3) ①
8. (1) ③   (2) ③   (3) ①
9. (1) ③   (2) ①   (3) ③
10. (1) ①   (2) ①   (3) ③
11. (1) ③   (2) ①   (3) ②
12. (1) ④   (2) ①   (3) ②
13. (1) ①   (2) ④   (3) ③
14. (1) ①   (2) ②   (3) ①
15. (1) ①   (2) ③   (3) ②

16. (1) ④　　(2) ①　　(3) ③
17. (1) ②　　(2) ①　　(3) ④

해설

1. 소년은 상쾌한 인상을 남기고 떠나갔다.
   ※ 한자어 爽快(そうかい)도 같은 뜻. 人相은 にんそう로 읽는다. '얼굴상, 인상, 관상'의 뜻.
2. 학력을 묻지 않는다는 구인광고에 시선이 멈추었다.
   ※ 学歴(がくれき)を問わない는 '학력불문'. 学力 がくりょく 学習 がくしゅう.
   停(と)まる 정차하다
   目(め)が留(と)まる 시선이 멎다
   泊(と)まる 숙박하다
   止(と)まる 멈추다(STOP)
3. 현재의 상태를 파악한 다음, 대책을 강구할 필요가 있다.
   ※ 現象 減少는 둘 다 げんしょう로 읽는다.
4. 운동할 때는 적절하게 수분을 섭취하는 일에 유의해야 한다.
   ※ 適宜(てきぎ) 적당히, 적절하게(부사, 형용동사)
   補強은 ほきょう. きゅう와 きょう를 혼동하는 경우가 많으므로 주의해야 한다.
   注意(ちゅうい) 주의(留意대신 쓸 수 있는 답이다.)
5. 2급에 합격하면, 최종적으로는 1급에 도전하고 싶다.
   ※ 合格의 반대말은 不合格(ふごうかく). '시험에 붙다'는 受(う)かる.
   最小(さいしょう) 最長(さいちょう) 最初(さいしょ) 모두 비슷비슷한 발음들이다.
6. 동경하던 여성이 결혼한다는 소식에, 그는 동요(당혹감)를 감추지 못했다.
   ※ 動揺(どうよう) 동요(정신적인 불안)
   同様(どうよう) 마찬가지로
   消(け)す 지우다
7. 오사카에 만든 지점은 순조로운 출발을 보여주었다.
   ※ 滑り出し는 여기서는 '출발'(START)의 뜻.
   好調의 반대말은 不調(ふちょう)
8. 사실을 알려주자, 그녀는 노골적으로 불쾌한 표정을 지었다.
   ※ 告(つ)げる　알려주다. 음독은 こく. 報告(ほうこく)보고.
   '노골적으로'를 露骨的이라고는 하지 않으므로 주의해야 한다.
9. 아까의 태도는 도저히 양식 있는 어른이 취할 행동이 아니다.
   ※ 態度(たいど)を取(と)る 태도를 취하다
   '무식하다'는 常識(じょうしき)がない라고 한다.
10. 지역에 따라 기묘한 관습이 남아 있는 곳이 있다.

※ 地方(ちほう) 지방
地形(ちけい) 지형
地帯(ちたい) 지대

11. 새 비즈니스는 궤도를 타기 시작했지만, 아직 낙관은 금물이다.
    ※ 気道(きどう) 기도(숨통) 気道がつまる 기도가 막히다
    街道(かいどう) 가도(도시와 도시를 잇는 교통량이 많은 간선도로)
    禁物(きんもつ)을 きんぶつ로 읽지 않도록 주의.
12. 활발한 학생이 많아서, 이 반은 늘 활기차다.
    ※ 活発(かっぱつ)な 활발한 ↔ おとなしい
    にぎやかだ 활기차다, 떠들썩하다 ↔ 静かだ
    生徒(せいと) 초중고생을 보통 이렇게 부르고, 学生는 대학생을 가리킨다.
13. 이번 기말시험 중에서 이 문제를 풀 수 있었던 것은 겨우 두 사람이었습니다.
    ※ 密(ひそ)か 살며시, 몰래
14. 다테마에(표면적인 주장)와 혼네(본심)를 가려쓰는 것은, 누구나 조금씩은 하고 있을 것이다.
    ※ 多少(たしょう) 다소(조금= 少し), 많고 적음
    大小(たいしょう) 대소(크고 작음)
15. 인류의 멸망을 예언한 책이 팔리고 있다고 한다.
    ※ 人民(じんみん) 인민. 朝鮮民主主義人民共和国(ちょうせんみんしゅしゅぎじんみんきょうわこく) 조선민주주의인민공화국(북한의 공식명칭이다.)
    予言(よげん) 예언(성경에서는 預言(よげん)을 쓴다.)
16. 그는 둔감해서, 주위로부터 비난받아도, 중상을 받아도, 아무 것도 눈치채지 못한다.
    ※ 鈍感(どんかん) 둔감 敏感(びんかん) 민감
    悲観(ひかん) 비관 楽観(らっかん) 낙관
    悲嘆(ひたん) 비탄
    中傷(ちゅうしょう) 중상(근거 없는 말로 남을 헐뜯어 명예나 지위를 손상시키는 것)
17. 어디선가 고기 삶는 좋은 냄새가 나서, 나는 갑자기 배고픔을 느꼈다.
    ※ 煮(に)える 삶아지다, 익다. 타동사는 煮(に)る 끓이다, 삶다
    空腹(くうふく) 배고픔, 공복. 반대어는 満腹(まんぷく).

한자(동음이의어)

▶▶정답 p.109

1. ③　　2. ①　　3. ①　　4. ②　　5. ④
6. ②　　7. ④　　8. ④　　9. ①　　10. ④

11. ③ 12. ① 13. ③ 14. ④ 15. ③
16. ③ 17. ① 18. ① 19. ③ 20. ④

해설

1. 이 지방의 관습(かんしゅう)을 따른다.
   * 看守(かんしゅ) 간수(관리하며 지켜봄. 또는 그런 사람)
   眼中(がんちゅう) 안중. 눈 속
   観衆(かんしゅう) 관중
   鑑賞(かんしょう) 감상
2. 여기서 놀면 위험(きけん)합니다.
   * 棄権(きけん) 기권
   期限(きげん) 기한
   機嫌(きげん) 기분, 심기
   気炎(きえん) 기염 きえんをはく 기염을 토하다
3. 새로운 감각(かんかく)을 가진 아티스트가 등장했다.
   * 改革(かいかく) 개혁
   計画(けいかく) 계획
   価格(かかく) 가격
4. 다른 사람으로부터 간섭(かんしょう) 받는 것은 좋아하지 않는다.
   * 願書(がんしょ) 원서
   緩衝(かんしょう) 완충
   感触(かんしょく) 감촉
   間接(かんせつ) 간접
5. 재판을 방청(ぼうちょう)했다.
   * 忙中(ぼうちゅう) 망중. 바쁜 가운데.
   豊穣(ほうじょう) 풍양. 곡식이 풍성하게 익음.
   防虫(ぼうちゅう) 방충
   膨張(ぼうちょう) 팽창
6. 한국의 도자(とうじ)기는 일본인에게 인기가 있다.
   * 同士(どうし) 끼리 当時(とうじ) 당시
7. 두 사람이 총도(じゅうとう)법 위반으로 체포되었다.
   * 銃刀法(じゅうとうほう) 총포 · 도검에 관한 단속법
   重度(じゅうど) 증상이 심함. 중증(重症)
   周到(しゅうとう) 주도(준비가 잘 되어 있고 빈틈없음)
   中等(ちゅうとう) 중등
   充当(じゅうとう) 충당
8. 불상사의 책임을 지고, 장관이 경질(こうてつ)되었다.
   * 肯定(こうてい) 긍정
   構想(こうそう) 구상
   行動(こうどう) 행동
   鋼鉄(こうてつ) 경질

9. 이 은혜는 평생(しょうがい) 잊지 않겠습니다.
   * 障害(しょうがい) 장애
   勝敗(しょうはい) 승패
   招待(しょうたい) 초대
   相対(相対) 상대
10. 사건의 배경(はいけい)에는 복잡한 사정이 있을 것 같다.
    * 破壊(はかい) 파괴
    徘徊(はいかい) 배회
    廃棄(はいき) 폐기
    拝啓(はいけい) 배계(편지 머리에 쓰는 말)
11. 새로운 잡지가 간행(かんこう)되었다.
    * 加工(かこう) 가공
    漢語(かんご) 한어(중국어)
    観光(かんこう) 관광
    格好(かっこう) 모양(모습)
12. 아르바이트로 생계(せいけい)를 꾸리고 있다.
    * 整形(せいけい) 정형(성형)
    設計(せっけい) 설계
    政界(せいかい) 정계
    正解(せいかい) 해답
13. 덕분에 병이 차도(かいほう)를 보이고 있습니다.
    * 快方(かいほう) 차도(병이 나아짐)
    刑法(けいほう) 형법
    外報(がいほう) 외보(외신)
    解放(かいほう) 해방
    回答(かいとう) 회답
14. 오랜만에 등산을 하니, 체력의 한계(げんかい)를 느꼈다.
    * 軽快(けいかい) 경쾌
    見解(けんかい) 견해
    原型(げんかい) 원형
    厳戒(げんかい) 엄계(엄중히 경계함)
15. 결혼해도 일을 계속하는 여성(じょせい)이 늘고 있다.
    * 諸税은 없는 단어.
    情勢(じょうせい) 정세
    助勢(じょせい) 조세(조력)
    上昇(じょうしょう) 상승
16. 좀전의 뉴스는 오보(ごほう)였던 것 같더라.
    * 後方(こうほう) 후방
    候補(こうほ) 후보
    語法(ごほう) 어법
    公募(こうぼ) 공모
17. 내일 드디어 시험(しけん)이다.

※ 私見(しけん) 사견

実権(じっけん) 실권

事件(じけん) 사건

資源(しげん) 자원

18. 공부도 중요하지만, 정신 수양(しゅうよう)도 필요하다.

※ 収容(しゅうよう) 수용

主要(しゅよう) 주요

周遊(しゅうゆう) 주유(각처를 여행하며 돌아다니다)

重用(じゅうよう) 중용

19. 한번, 그를 소개(しょうかい)해 주세요.

※ 初回(しょかい) 초회(제 1회)

所外(しょがい) 소외

照会(しょうかい) 조회

渉外(しょうがい) 섭외

20. 이 불황(ふきょう)은 언제까지 계속될 것인가.

※ 普及(ふきゅう) 보급

舞踏(ぶとう) 무도(춤)

風紀(ふうき) 풍기

布教(ふきょう) 포교(전도)

유형별 어휘문제 66

▶▶A접속사 정답 p.134

1. ③　　2. ①　　3. ③　　4. ②　　5. ①
6. ②　　7. ③　　8. ②　　9. ①　　10. ③
11. ②　　12. ①

해설

1. 여기 회사는 고급 물건밖에 사용하지 않는다. (따라서) 가격도 비싸진다.

2. 왜 눈을 감았어? / (왜그러긴) 무섭잖아.

※ おまけに 게다가, 뿐만 아니라

3. 지난 달에, 언니의 아이 (즉) 조카가 태어났어요.

※ 甥(おい) 조카

4. 이 고기는 너무 커서 먹기 어렵다. (그래서)작게 썰기로 했다.

5. (그건 그렇고) 다들 모인 것 같으니 회의를 시작하죠.

6. 저곳 초밥 어땠어? / 맛없었어. (게다가) 값도 비쌌어.

7. 내빈여러분(및) 보호자 여러분 기립해 주시기 바랍니다.

※ いわゆる 소위　ちなみに 덧붙여서　ならびに 및

8. 내가 보기엔 그는 그녀의 오빠 (내지) 남동생인 것 같다.

※ かつ 동시에, 한편

9. 그는 영화배우이자 (동시에) 화가로도 활동하고 있다.

10. 푸른 하늘이 계속되어 내일도 외출하기 좋은 날일 줄 알았다. (하지만) 날씨는 흐려졌다.

※ 行楽日和(こうらくびより) 행락에 알맞은 날씨

11. 그녀한테서 아이를 빼면 (소위) 빈껍데기이다.

※ もぬけのから (뱀・매미 등의) 허물. (찾는 사람이 빠져나가) 텅 비어 있는 상태

12. 결혼을 원치 않는 여성이 늘고 있다. (덧붙여) 나의 친구의 70%는 서른 넘어서도 미혼이다.

▶▶B부사 정답 p.136

1. ②　　2. ①　　3. ③　　4. ①　　5. ①
6. ③　　7. ②　　8. ②　　9. ③　　10. ①
11. ②　　12. ③　　13. ①　　14. ①　　15. ②
16. ①　　17. ③　　18. ②　　19. ③　　20. ①
21. ②　　22. ①　　23. ③　　24. ②　　25. ①
26. ②　　27. ②　　28. ①　　29. ③　　30. ②
31. ①　　32. ②　　33. ③　　34. ①　　35. ②
36. ①　　37. ②　　38. ①　　39. ③　　40. ①
41. ①　　42. ①

해설

1. 개점과 동시에 많은 손님들이 (와하고) 밀려들어왔다.

※ 押(お)し寄(よ)せる 밀어닥치다, 쇄도하다

じっと 가만히, 꼼짝않고, 물끄러미

どっと 와(여러 사람이 한꺼번에 소리를 지를 때)

ざっと 쓱, 대충

2. 그녀는 유령처럼 (쓰윽) 하고 나타났다.

※ すっと 쓱, 훌쩍(가볍게 재빨리 움직이는 모양.)

3. 앞에 앉은 사람이, 나를 (가만히) 쳐다본다.

4. (대충) 세어 150 정도겠지.

5. 아플 때, (절실히) 건강의 고마움을 실감했다.

※ しみじみ 절실히

ほうぼう 여기저기

はきはき 시원시원, 또랑또랑(시원하고 분명한 모양)

6. 그녀와 이야기를 하면 (골똘히) 자신의 어리석음을 느끼게 된다.

※ 愚(おろ)かさ 어리석음

ずっと 줄곧, 계속

つくづく 골똘히, 곰곰이 = よくよく

7. (여기저기)찾았지만, 같은 디자인의 물건은 어디에도 없었다.

8. 그녀는 누구의 질문에 대해서도 (시원시원)하게 대답한다.

9. 계산이 (딱) 맞을 때까지 몇차례나 다시 하지 않으면 안된다.
   ※ じっくり 차분하게. 곰곰이
   そっくり 몽땅. 고스란히
   ぴったり 딱(어긋나거나 틈이 없이 잘 맞는 모양)

10. 상자를 열어보니 상자 가득 (꽉) 젤리가 채워져 있었다.
    ※ ぎっしり 가득. 빡빡. 꽉
    すっかり 완전히. 매우

11. 교과서를 (몽땅) 암기하고 시험에 임했지만, 같은 문제는 하나도 나오지 않았다.
    ※ うっかり 깜빡하고. 멍청하게.무심코.

12. 서두르지 말고 (차분하게) 생각해서 결론을 내면 좋다.

13. (깜빡하고) 약 먹는 것을 잊어버렸다.

14. 5년전에 공부한 영어도 (완전히) 다 까먹었다.
    ※ ぴったり 딱(잘 맞는 모양)

15. 조금 속도를 낼 테니까 (꽉) 잡고 있어.
    ※ こっそり 남몰래. 살짝
    しっかり 단단히. 꽉
    くっきり 선명하게. 뚜렷이

16. 하나밖에 안 남은 케이크를 누구한테도 누구한테도 들키지 않게(몰래) 먹었다.
    ※ こっそり 몰래. 살짝
    ぐっすり 푹(깊은 잠)
    てっきり 틀림없이. 영락없이

17. 회사 과장님은 매일 5시 (정확히) 퇴근한다.
    ※ きっぱり 딱 잘라. 단호하게.
    めっきり 부쩍(눈에 띄게 변함)
    きっかり 정확히(수량이나 시간)

18. 악덕업자의 달콤한 권유를 (딱 잘라) 거절했다.
    ※ くっきり 뚜렷이. 선명하게.
    ばったり 털썩. 픽(쓰러지다). 딱(마주치다).

19. 여름 산이나 구름은, 색이 선명하여 (뚜렷하게) 보이기 때문에 매우 아름답다.

20. 사랑을 하고 있는 그녀는, 최근에 (부쩍) 예뻐졌다.
    ※ めっきり 부쩍

21. 모리 씨는 아직 도쿄에 있었구나. (틀림없이) 고향에 간 줄 알았어.
    ※ てっきり 꼭. 영락없이. 틀림없이.

22. 쇼핑하러 백화점에 갔는데, (딱) 옛날 반친구를 만났다.

23. 어제 (푹) 잤기 때문에, 몸이 가벼워진 것 같은 느낌이 든다.

24. 내가 할 수 있는 일이 있다면 (뭐든지) 말씀하세요.
    ※ なんで 왜
    なんなりと 무엇이든지

まして 하물며. 더구나

25. (왠지) 오늘은 기분나쁜 예감이 든다.
    ※ まさに 확실히. 바로
    どうか 어떨지
    なんだか 왠지 모르게.

26. (아무리) 다른 사람은 몰라도 그 사람이 그런 일을 할리가….
    ※ どうやら 가까스로. 겨우

27. 전문가라도 간단한 일은 아니다. (하물며) 아마추어한테는 절대 무리다.
    ※ かねて 진작부터
    さぞ 추측컨대. 아마

28. 아무리 노력해서 공부해도 (어차피) 일등은 안 된다.
    ※ いざ 드디어. 막상. 정작.

29. (진작부터) 약속했던 대로, 그의 작품 중의 하나를 넘겨받았다.
    ※ 譲(ゆず)る 물려주다. 양도하다
    いまにも 지금이라도 당장
    いまさら 이제와서

30. 아드님이 일류대학에 합격해서, 부모님이 (얼마나 :필시) 기쁘시겠어요.
    ※ さも 자못
    さぞ 아마. 필시

31. 면접을 위해 기억한 것도 (막상) 면접관을 앞에 두면 전부 잊어버리게 마련이다.

32. 대로길에서 싸우고 있는 사람을 (종종) 보게 된다.
    ※ しぶしぶ 마지못해
    しばしば 종종

33. 편식은 안된다고 엄마한테 혼이 나서, 싫어하는 당근을 (마지못해) 먹었다.

34. (곧) 울음을 터뜨릴 것 같은 얼굴이다.
    ※ いまさら 새삼

35. 예전에 사귀던 그를 (지금도) 잊을 수 없다.
    ※ いまだに 아직까지

36. 오랫동안 생각해왔던 꿈이 (드디어) 이루어졌다.
    ※ ついに 드디어
    にわかに 갑자기
    つい (나도 모르게) 그만
    実(みの)る 열매를 맺다

37. 아이가 없었던 부부가 (겨우) 아이를 얻었다.
    ※ もっぱら 오로지, 한결같이
    ようやく 가까스로, 간신히
    授(さず)かる (신이나 윗사람이) 내려주시다

38. 맛있는 회를 먹고 싶어서, 여기서 3시간이나 걸리는 곳에

(일부러) 데리고 가주었다.

39. 달콤한 것이라면 사족을 못쓰는 나는, 케이크를 보면 (그만) 손이 나간다.

40. (아마) 저 사람이 옆 방으로 이사온 사람인가봐.

41. 일찍이부터 유학하고 싶었기에, (오로지) 아르바이트를 해서 돈을 모았다.

  ※ ひたすら 오로지

42. 술에 취한 친구가 (갑자기) 크게 소리를 지르는 바람에, 주위 에 있던 사람들의 주목의 대상이 되었다.

  ※ 注目(ちゅうもく)の的(まと) 주목의 대상

▶▶C 비슷한 말 가려 쓰기 정답 **p.141**

1. ②　　2. ②　　3. ①　　4. ③　　5. ①

6. ②　　7. ②　　8. ③　　9. ②　　10. ①

11. ②　　12. ②

해설

1. 점잖치 못한 그의 행동에 누구나 (어이없어하고) 있다.
  ※ あきる 싫증이 나다
    あきれる 기가 막히다, 어이가 없어 놀라다
    あきらめる 포기하다

2. 가족의 사진을 볼 때마다, 시골의 (한가로운)한 풍경이 생각 난다.
  ※ はるか (거리, 시간) 아득함
    のどか 마음이편하고한가로움
    ゆたか 풍요로움

3. 운동회 100미터 달리기에서 (꼴찌)를 했다.
  ※ びり 꼴찌
    びら 전단지, 포스터
    びん 〜편(便)
    100M走(そう) 100미터 달리기

4. 선생님의 신호와 동시에 전원 (일제히) 뛰어나갔다.

5. 그녀는 (솜씨) 좋게 일을 처리해간다.
  ※ 手際(てぎわ) 솜씨
    手軽(てがる) 손쉽게
    手頃(てごろ) 알맞음, 적당함

6. 건강을 생각해서, 담배를 너무 많이 피우지 않도록 (신경쓴다.)
  ※ 心当(こころあ)たり 짐작 가는 데
    心掛(こころが)ける 유의하다
    心細(こころぼそ)い 불안하다

7. 생활(개선)을 하여, 규칙적인 생활을 하는 것이 좋다.

8. 면허증(갱신) 통지가 집에 왔다.

9. (상상을) 뛰어넘는 아름다움에, 관객전원이 그녀의 포로가 되었다.

  ※ 想像(そうぞう)を絶(ぜっ)する 상상을 뛰어넘는

10. 양국의 수뇌(회담)이 이달말 수도 서울에서 열린다.

11. 화합물을 원소로 (분해)해보다.
  ※ 分析(ぶんせき) 분석
    分解(ぶんかい) 분해
    分離(ぶんり) 분리

12. 미스콘테스트의 (심사)위원에는, 많은 저명인이 얼굴을 나란 히 하고 있다.
  ※ 検査(けんさ) 검사
    審査(しんさ) 심사
    調査(ちょうさ) 조사

어휘(동사 · 형용사 · 동작성명사)

▶▶정답 p.143

1. ②	2. ①	3. ②	4. ①	5. ①
6. ④	7. ②	8. ③	9. ①	10. ①
11. ③	12. ②	13. ②	14. ①	15. ④
16. ③	17. ④	18. ①	19. ④	20. ④

해설

1. 어머니는 매우 뚱뚱하기 때문에, 웬만해선 사이즈가 맞는 옷이 없다.
   - ※ 似合う (디자인이나 색 등이) 어울리다
     ふさわしい (학생, 직장인 등 신분에) 어울리다

2. "디지카메"란 디지털카메라를 줄인 말이다.

3. 여자친구에게 청혼했지만, 아직 답을 받지 못했다.
   - ※ 申告(しんこく)する、届(とど)け出(で)る 관공서 등에 신고하거나 신고계를 내다
     申(もう)し出(で)る 의견이나, 희망, 요구 등에 대해 이야기를 꺼내다

4. 책을 덮으세요. 지금부터 시험을 치겠습니다.
   - ※ 閉(と)じる (책을) 덮다, (눈을) 감다
     塞(ふさ)ぐ (입을) 막다, 메우다
     閉(し)める (문을) 닫다
     覆(おお)う 덮어씌우다, 덮다

5. 대지진에 대비하여 비상 식료품을 샀다.
   - 備(そな)える 대비하다

6. 거래처의 사장님을 접대하기 위해, 고급 레스토랑을 예약했다.
   - ※ 応接室(おうせつしつ)이란 단어는 있지만, '응접하다'라는 동사는 없다.

7. 회사 연수로, 공장 설비를 견학했다.
   - ※ 見物(けんぶつ)는 관광지 등을 구경하는 것.

8. 최근에는 의무도 다 하지 않은 채, 권리만 주장하는 사람이 많다.
   - ※ 権利(けんり)의 반대말은 義務(ぎむ).

9. 여름이 되니, 대담하게 속살을 노출한 여성이 눈에 띈다.
   - ※ 大胆(だいたん) 대담함
     大柄(おおがら) 몸집이 큼
     大(おお)げさ 과장됨(대수롭지 않은 일을 크게 떠벌리며 말하는 것)
     大股(おおまた) 황새걸음

10. 아르바이트도 좋지만, 공부가 소홀해지지 않도록 하거라.
    - ※ ～がおろそかになる ～이 소홀해지다
      ～をおろそかにする ～을 소홀히 하다

11. 손에 쥔 돈이 1000엔밖에 없어서, 사고 싶은 것을 못 샀다.
    - ※ ない가 붙는 말
      あっけない 어이없다, 싱겁다
      危(あぶ)ない 위험하다
      かたじけない 호의가 고맙다
      さりげない 별것 아니다
      せつない 안타깝다, 애달프다
      だらしない 칠칠치 못하다
      つたない 서투르다
      とんでもない 터무니없다
      なさけない 한심하다
      なにげない 아무렇지도 않다
      みっともない 보기 흉하다
      もったいない 아깝다

12. 진도4의 지진이 나서, 이 빌딩도 굉장히 크게 흔들거렸다.
    - ※ 震(ふる)える 미세하게 흔들리다, 공포나 추위로 떨다
      揺(ゆ)れる 전후좌우로 흔들리다, 마음이 흔들리다
      動(うご)く 움직이다

13. 매일 아침, 전기면도기로 수염을 깎고 있다.
    - ※ そる 깎다(뿌리부터 밀어내는 것) ひげをそる
      刈(か)る 자르다, 베다(나무나 풀, 머리카락) 髪を刈る
      削(けず)る 깎다(칼 등으로 표면을 얇게 잘라내거나 전체에서 한 부분을 잘라내는 것) 鉛筆を削る

14. 도둑을 맞고, 크게 다치고, 그는 정말 운이 나쁘다.
    - ※ 運がいい・悪い(운이 좋다/나쁘다)와 비슷한 말로, ついている・ついていない도 많이 쓴다.

15. 댁의 부군께서는 어느 회사에 근무하세요?
    - ※ 新郎(신랑)는 결혼식장에서만 이렇게 부른다.

16. 우리 애는 개구장이여서, 늘 상처가 끊이지 않아요.
    - ※ 物静(ものしず)か 조용함, 침착함
      お天気(てんき)や 기분파
      わんぱく 개구장이
      人見知(ひとみし)り 낯가림이 심함

17. 이달의 매상은 전년동기비를 상회했다.
    - ※ 한국에서는 '매출'을 많이 쓰는데, 일본어로는 '매상, 매출'의 의미로 売(う)り上(あ)げ를 쓴다. 売(う)り出(だ)し는 'sale'(판매)를 뜻한다.
      売(う)り出(だ)し 판매
      売(う)り切れ 매절, 매진
      売(う)りかけ 외상판매

18. 여러 사람들이 모이는 파티 등에서는 정치나 종교에 관한 화

제는 피하는 것이 좋다고 말해진다.

　※ 避(さ)ける 피하다(나쁜 상황이나 말 등 추상적인 것)
　　よける 피하다(날아오는 공처럼 구체적인 것)
　　どける 치우다. 비키다 = とりのける
　　石(いし)を退(ど)ける 돌을 치우다

19. 그녀는 남의 눈도 꺼리지 않고 큰 소리로 울기 시작했다.

　※ 人目(ひとめ)もはばからず 남의 눈도 꺼리지 않고
　　わき目(め)もふらず 곁눈질 하지 않고

20. 저 두 사람이 교제하고 있는 것은 공공연한 비밀이다.

　※ 公然(こうぜん)の秘密(ひみつ) 공공연한 비밀

어휘(カタカナ)

▶▶정답 p.146

1. ④	2. ①	3. ③	4. ②	5. ④
6. ①	7. ③	8. ②	9. ③	10. ④
11. ①	12. ②	13.③	14. ①	15. ④

해설

1. 이 가게는 다양한 종류의 상품구비로 인기가 있다.
　※ バラエティに富(と)む 다양성이 풍부하다
　　品揃(しなそろ)え 상품구비

2. 회사의 실적이 나빠 올해도 임금 상승은 바라기 어려울 것 같다.
　※ 賃金(ちんぎん)アップ 임금상승
　　참고로 ベースアップ(base up)는 기본급이 오르다는 뜻이다. '실적'을 業績(ぎょうせき)로 표현하는 것도 기억하자.

3. 겨우 염원하던 마이홈을 손에 넣었지만, 이제부터 매달 대출금 갚을 일이 큰일이다.
　※ マイホーム(my home)은 '내집'이란 뜻의 일본식 영어. 월부는 月賦(げっぷ)라고도 하지만, 특히 집이나 자동차 등 고액은 ローン(loan)이라고 한다.

4. 큰 사건을 당한 아이들에게는 심적 케어가 필요하다.
　※ Care는 '보호, 간호, 보살핌' 등 다양한 뜻으로 쓰인다. トラウマ(trauma)는 최근 몇 년 사이에 일반화 된 말로, 「心(こころ)の傷(きず)」(마음의 상처)라는 뜻이다.

5. 입사동기인 스즈키 씨와는 서로 사적인 이야기도 할 수 있는, 마음이 맞는 친구사이다.
　※ プライベートな 개인적인
　　プライバシー 프라이버시(명사)

6. 그 여배우가 연예계에 들어오게 된 계기는, 길에서 사무소 사람에게 "탤런트가 되지 않겠습니까?"하고 스카우트받았다고

한다.
　※ スカウト 스카우트
　　スクープ 스쿠프(scoop) 보도기관이 타사를 제치고 먼저 빅뉴스를 내보내는 것. = 特(とく)ダネ(특종)

7. 인터넷이 보급된 덕분에, 멀리 사는 친구와도 자주 메일을 주고받으며 근황을 주고받고 있다.
　※ 메일주소는 メールアドレス

8. 10킬로그램이나 다이어트했다는 그녀는 꽤 빠져 보인다.
　※ ダイエット 다이어트(ダイオット로 발음하지 않도록 주의)
　　グルメ 음식통(음식 맛에 정통하고 맛있는 음식점을 잘 알고 있는 사람) = 食通(しょくつう)

9. 외국어를 마스터하기란, 그리 간단한 일이 아니다.
　※ マスターする = 習得(しゅうとく)する

10. 집에서 빨 수 없는 옷은 세탁소에 맡기고 있다.
　※ クリーニングに出(だ)す (드라이)클리닝을 맡기다
　　クリーニング屋(や)세탁소 = 洗濯屋(せんたくや)

11. 여름방학은 가족끼리 고원에 캠프를 갈 예정이다.
　※ 高原(こうげん) 고원
　　キャンプ 캠프 ケンプ는 틀린 표기. 영어의 ca는 キャ가 될 때가 많다. cat キャット

12. 익숙치 않은 공동생활로 스트레스가 쌓인다.
　※ ストレスがたまる 스트레스가 쌓이다
　　ストレスを解消(かいしょう)する 스트레스를 풀다

13. 저 투수의 공은 그다지 빠르지는 않지만, 컨트롤이 좋다.
　※ '그다지 빠르지 않다'고 했으므로 スピード는 아니다.
　　ピッチャー 피처, 투수
　　コントロール 컨트롤, 제어

14. 오늘은 "40대부터의 건강"을 테마로, 스즈키 교수님이 말씀해주시겠습니다.
　※ モットー 모토 = 主義(しゅぎ)

15. 관객으로부터의 앙콜에 응하여, 그 가수는 마지막으로 히트곡을 열창했다.
　※ 応(こた)える 응하다

어휘(다양한 의미를 갖는 말)

▶▶정답 p.148

1. ④   2. ②   3. ④   4. ②   5. ③
6. ④   7. ②   8. ①   9. ①   10.②

해설

1. 묻다 – 모르면 선생님한테 물어봐.
   ※ 気(き)が利(き)く 눈치가 빠르다

2. 정해지다 – 일정이 정해지면 연락하겠습니다.
   ※ かたまる 굳다. 확고해지다. 뭉치다. 몰두하다. 긴장하여
      몸이 뻣뻣해지다. 컴퓨터가 동작을 멈추다 등의 뜻이 있다.

3. 지다 – '지는 것이 이기는 것'이라고 합니다.
   ※ まける '지다'가 대표적인 뜻이지만, '양보하다' '값을 깎아
      주다' '피부에 염증이 생기다' 등의 뜻도 있다.
      剃刀(かみそり)に負(ま)ける 면도 독이 오르다.
      夏まけ라는 말은 없고, '여름을 타다'는 뜻으로 夏(なつ)
      ばて를 쓴다.

4. 친구 어깨에 먼지가 붙어 있어서, 떼주었다.
   ※ '제거하다'의 뜻으로 쓰인 예문을 찾으면 된다.
      ほくろ 점

5. 여름이어서, 머리를 짧게 자를 생각이다.
   ※ 電話(でんわ)をきった(전화를 끊다), 縁(えん)をきった
      (인연을 끊다)는 모두 '끊다'의 뜻으로 쓰였다.
      封(ふう)を切(き)る 편지봉투를 뜯다 封(ふ)をする 봉
      하다

6. 비행기를 타고 있을 때 술을 마시면 빨리 돈다(취한다).
   ※ 여기서 まわる는 作用(さよう)がすみずみまで行き渡る
      (작용이 구석구석까지 미치다)란 뜻이다. 1,2번은 시간이
      나 지점을 '경과하다', 3번은 '회전하다'.

7. 목숨을 건 사랑에 깨지고 말았다.
   ※ 1번은 치다(뿌리다), 3번은 '달리다', 4번은 '걸터앉다'.

8. 가죽 가방은 오래 쓸수록 맛이 생겨난다.
   ※ 風格(ふうかく)의 뜻. 2번은 체험에 의해 알게된 느낌,
      3,4번은 본래의 '맛'(음식물의 미각)을 뜻한다.

9. 내 뒤를 따라 오세요.
   ※ 2,3번은 '나머지', 4번은 시간적으로 '뒤' '후'를 나타낸다.

10. 이 방은 해가 들지 않아 어둡다.
   ※ 여기서 日(ひ)는 太陽(たいよう)の光(ひかり)(햇빛)을
      말한다. 1,4는 '날', 3번은 '해가 나와 있는 동안'의 뜻이다.

저자소개

오카리나(岡里奈)

日本武蔵野美術短期大学 졸업

日本国際教育専修学校日本語教師養成科 졸업

前 진로연수원, 기아자동차 연수원 일본어과 전임강사

저서 『일본어로 술술 읽혀지는 재미있는 일본의 옛날이야기』 편저(제이플러스 刊)

　　『일본어능력시험 3·4급 핵심공략』 지음(제이플러스 刊)

일본어능력시험
N1·N2 핵심공략

초판인쇄　　2011년 6월 25일

초판발행　　2011년 6월 30일

저자　　　　岡里奈

발행인　　　이기선

발행처　　　제이플러스

주소　　　　서울시 마포구 월드컵로 31길 62

전화　　　　(02)332-8320

팩스　　　　(02)332-8321

등록번호　　제10-1680호

등록일자　　1998년 12월 9일

홈페이지　　www.jplus114.com

ISBN　　　　978-89-94632-28-5(03730)

값 13,000원